현장감 있는 バリバリ 비즈니스 일본어

저자 이장우

도서출판 **예빈우**

　매년 대여섯번은 일본역사기행을 했던 저자는 요즘 좀 우울하다. 우한폐렴이라는 강력한 전염병이 나의 즐거운 취미생활을 방해하고 있기 때문이다. 이 녀석이 언제 사라질지 몰라서 매번 데리고 다녔던 여행가방을 깊숙이 박아 두었다. 나를 데리고 빨리 일본어로 가라는 절실한 손길을 뿌리치고.

　저자는 10여년 전부터 일본여행의 페러다임을 바꾸었다. 그 이전까지는 온천과 쇼핑, 먹거리 위주였지만, 그 이후로는 메이지유신과 관련된 사적지, 인물의 탄생지, 무덤 등을 순례(?)하고 있다. 새로운 역사를 알고, 그 역사에 등장하는 인물이 거쳐간 곳을 방문해 보면, 과연 그들은 그 당시에 어떠한 생각을 가지고 일본의 근대화를 위해 노력했는지, 아니 근대화라는 개념조차 알고 있었는지도 궁금해진다. 자신의 목숨마저 바치면서 무엇을 위해 그렇게 젊은 목숨을 산화했는지도 알고 싶었다.

　뜬금없이 비즈니스 일본어 교재의 머리말에 일본의 메이지유신이 등장해서 어리둥절하시는 독자분들도 있을 것이다. 저자가 일본여행의 페러다임을 바꾸고 나서 일본을 방문할 때마다 느끼는 감정은 오롯이 새로운 것이었다. 20년 이상 거주한 일본이었지만 그 전까지는 알 수 없었던 새로운 일본을 알 수 있었다. 늘 갔던 일본이었지만, 지금과는 다른 새로운 나라가 나의 가슴에 다가왔다. 정말 신천지 같은 느낌이 들어, 매번 메이지유신 여행은 며칠 전부터 가슴이 뛰며 공항으로 출발하는 당일아침 급하게 공항으로 향한다.

저자는 5년 전에 비즈니스 일본어와 관련된 교재(메일편, 업무편, 회화편)를 세 권 출판했다. 그 때까지 시중에는 유사한 교재는 있었지만, 일본과 비즈니스를 하거나 앞으로 하려고 하는 무역상사나 회사의 비즈니스맨을 위한 전문적인 교재는 없었다. 늘 그러했지만, 저자가 먼저 선빵(?)을 날리면 다른 출판사나 저자들이 따라서 집필하거나 출판하였다. 이번에도 예외는 아니었다. 이것에 대해서는 조금의 불만은 있었지만 독자들을 위해서는 오리려 많은 선택지가 있는 것도 나쁘지 않다고 생각하였기에 그냥 넘어가곤 했다. 하지만 이번에는 조금 다를 것이다. 어떤 출판사도, 어떤 저자도 쉽게 따라올 수 없는 교재를 만들었다. 왜 이렇게 단정할 수 있는가 하면, 업무와 메일과 관련된 교재는 주로 문서 위주로 구성이 되지만, 저자는 과감하게 그것을 대화문으로 풀어냈기 때문이다. 이런 책을 쓰기 위해서는 엄청난 양의 자료 수집과 실제 일본과 거래를 하고 있는 상사맨들과 많은 대화와 회의를 해야만 한다. 실전에서 뛰는 그들의 의견이 중요할 뿐만 아니라 그들은 어떤 말을 하고 싶어하고 실제로 현장에서는 어떻게 적용되는지를 알아야 하기 때문이다.

늘 저자들은 본인의 책에 대해 졸작이지만 많이들 봐주시기를 바랍니다 고 마무리를 짓지만, 이번에는 걸작이니 꼭 한 번 보시라고 건방을 떨면서 글을 마친다.

저자 이 장 우

학습사항.1 　비즈니스 특유의 문구

비즈니스에서 사용하는 일본어는 일상회화에서 사용하는 일본어와 차이점이 있다. 그 중에서 반드시 알아야 할 표현과 문장을 한 눈에 알아볼 수 있도록 구성하였다.

학습사항.2 　존경어/겸양어/정중한 표현

존경어와 겸양어는 일본어를 학습하는 분들의 가장 큰 고민거리이다. 하지만, 존경어와 겸양어를 언제 어떻게 사용하는지 정확하게 알면 어렵지 않다. 그리고 일본어의 자체 존경어와 겸양어를 암기해 두면 어렵지 않게 구사할 수 있게 된다. 정중한 표현 역시 어휘가 정해져 있으므로 본 교재에 있는 것만 알아두면 쉽게 이해를 할 수 있을 것이다.

학습사항.3 　팩스 작성법

일본회사에 팩스를 보낼 때는 정해진 양식으로 보내는 것이 좋다. 그렇지 않으면 상대방(거래처)이 이쪽에서 팩스를 보낸 의향을 모를 수도 있기 때문이다. 따라서. 비즈니스에서 사용되는 팩스작성법을 순서대로 정확하게 설명을 하였고, 팩스작성의 예도 제시해 두었다.

학습사항.4　본문

지금 현재 일본과 비즈니스 거래를 하고 있는 상사의 직원분들과 충분한 대화와 회의를 하고 나서 가장 많이 사용하는 문장과 대화문으로 구성을 하였다. 한국의 상사뿐만 아니라 일본의 상사 직원들과도 협의를 거쳐서 만든 대화문이므로 현장에서 바로 적용을 할 수 있을 것이다.

학습사항.5　もっともっと

본문에 있는 문장이나 어휘 중, 반드시 알아두어야 할 표현들을 다양한 예문을 통해서 구성하였다. 학습자들이 별도의 복습을 할 필요없이 "もっともっと"에 있는 표현을 공부하는 것만으로도 비즈니스 회화문을 이해할 수 있도록 하였다.

학습사항.6　어휘연습

본문에 있는 어휘를 어느 정도 이해를 하고 있는지, 간단한 표를 이용해서 복습을 할 수 있도록 하였다. 어휘와 단어의 학습은 풍부한 표현을 할 수 있는 밑거름이 된다.

학습사항.7　작문연습

지금까지 배웠던 내용을 바탕으로 기본적인 작문을 연습하는 과정이다. 학습자 스스로가 작문을 할 수 있으면 본인이 하고 싶은 말을 자연스럽게 구사할 수 있으므로 총 복습의 의미로 작문코너를 별도로 만들었다..

학습사항.1

비즈니스의 특유의 문구

❋ 비즈니스 상에서 사용하는 문구는 어느 정도 정해져 있다. 존경표현과 겸양표현도 정확하게 알아야 하지만, 비즈니스 거래에서나 회사 내에서 사용하는 표현도 확실하게 알아야 상대방에게 실례를 범하지 않는다. 이러한 표현들은, 그 수가 많지 않기 때문에, 전부 정확하게 암기하는 편이 좋다.

대상	비즈니스 용의 문구
私(わたし)たち 우리들	私(わたくし)ども 저희들
了解(りょうかい)しました 알겠습니다	了解(りょうかい)しました・承(うけたまわ)りました 알겠습니다
思(おも)います 생각합니다	存(ぞん)じます 생각합니다
考(かんが)えています 생각하고 있습니다	所存(しょぞん)です 생각입니다
いいでしょうか 괜찮겠습니까?	よろしいでしょうか 괜찮으시겠습니까?
今回(こんかい) 이번	この度(たび) 이번
さっきは 조금 전에는	さきほどは 조금 전에는
後(あと)で 나중에	後(のち)ほど 나중에
このあいだ 요전, 일전	先般(せんぱん)・先日(せんじつ) 요전, 일전

학습사항 1. 비즈니스의 특유의 문구

대상	비즈니스 용의 문구
もうすぐ 이제 곧, 머지 않아	間(ま)もなく 이제 곧, 머지 않아
すぐ 바로	速(すみ)やかに・早急(さっきゅう)に・迅速(じんそく)に 재빨리・즉시・신속하게
どこへ 어디로, 어디에	どちらへ 어느 쪽으로
こっち 이쪽	こちら 이쪽
こんな 이런	このような 이런
やっと 겨우	ようやく 겨우
きっと 아마, 틀림없이	おそらく 아마, 틀림없이
ものすごく 매우, 엄청나게	たいへん・とても・非常(ひじょう)に 매우, 엄청나게
ちょっと 잠시, 조금	少々(しょうしょう) 잠시, 조금

현장감 있는 バリバリ 비즈니스 일본어

대상	비즈니스 용의 문구
すみませんが 미안합니다만	申(もう)し訳(わけ)ございませんが・恐縮(きょうしゅく)ですが お手数(てすう)をおかけしますが・ご面倒(めんどう)をおかけしますが 죄송합니다만・죄송합니다만 수고를 끼칩니다만・번거롭게 합니다만
すみません 미안합니다	申(もう)し訳(わけ)ありません・申(もう)し訳(わけ)ございません 恐縮(きょうしゅく)です 죄송합니다
そこで 그래서	ついては・つきましては 그런고로
どうか 부디	何卒(なにとぞ) 부디
何(なに)はともあれ 여하튼	まずは 우선은
普段(ふだん)は 평소는	平素(へいそ)は 평소는
~を兼(か)ねて ~을 겸해서	~かたがた ~을 겸해서
取(と)りあえず 우선	取(と)り急(いそ)ぎ 급히

학습사항 2. 존경어/겸양어/정중한 표현

❋ 일본어는 존경어와 겸양어 그리고 정중한 표현을 정확하게 구분하고 있다. 공식으로 존경어와 겸양어를 만드는 방법도 있지만, 그 단어가 가지고 있는 자체 존경어, 겸양어, 정중한 표현도 있는데, 이러한 표현들을 알지 못하면, 비즈니스에서 큰 결례를 범할 수 있다. 반드시 자체 존경어, 겸양어, 정중한 표현을 암기하도록 하자.

동작	존경어	겸양어
会う 만나다	お会いになる・会われる	お目にかかる
与える 주다	くださる・賜る	差し上げる
見る 주다	ご覧になる・見られる	拝見する・見せていただく
聞く 듣다	お聞きになる・聞かれる	伺う・拝聴する・承る
読む 읽다	お読みになる・読まれる	拝読する
言う 말하다	おっしゃる・言われる	申し上げる
する 하다	なさる・される	致す・させていただく
訪ねる 방문하다	お訪ねになる	伺う
見せる 보여주다		ご覧に入れる・お目にかける

존경어/겸양어/정중한 표현 | **앞**

존경어/겸양어/정중한 표현

동작	존경어	겸양어
行(い)く 가다	いらっしゃる・行(い)かれる お出(で)掛(か)けになる・おいでになる お越(こ)しになる	参(まい)る・伺(うかが)う
来(く)る 오다	いらっしゃる・おいでになる お越(こ)しになる・お見(み)えになる	参(まい)る・伺(うかが)う
思(おも)う 생각하다	思(おも)われる・お思(おも)いになる	存(ぞん)じる・拝察(はいさつ)する
もらう 받다	お収(おさ)めになる	頂(いただ)く・賜(たまわ)る 頂戴(ちょうだい)する・拝受(はいじゅ)する
居(い)る 있다	いらっしゃる・おいでになる	おる
知(し)る 알다	ご存(ぞん)じになる・お知(し)りになる	存(ぞん)じる・存(ぞん)じ上(あ)げる
食(た)べる 먹다	召(め)し上(あ)がる・お食(た)べになる	いただく
受(う)ける 받다	お受(う)けになる・受(う)けられる	いただく・賜(たまわ)る
着(き)る 입다	お召(め)しになる	

12 | 현장감 있는 バリバリ 비즈니스 일본어

동작	일반적인 표현	정중한 표현
出来ない 할 수 없다	出来ません 할 수 없습니다	いたしかねます 하기 어렵습니다
悪いけど 미안한데	すみませんが 미안합니다만	恐縮でございますが 죄송합니다만
どうする？ 어떻게 할래?	どうします？ 어떻게 하겠습니까?	いかがなさいます？ 어떻게 하시겠습니까?
ある 있다	あります 있습니다	ございます 있습니다
そうだ 그렇다	そうです 그렇습니다	さようでございます 그렇습니다
～していいか ~해도 좋아?	～していいですか ~해도 좋습니까?	～してもよろしいでしょうか ~해도 좋겠습니까?
承知した 알겠다	承知しました 알겠습니다	かしこまりました・承りました 알겠습니다
～でない ~이(가) 아니다	～ではありません ~이(가) 아닙니다	～ではございません ~이(가) 아닙니다
～だ ~이다	～です ~입니다	～でございます ~입니다

존경어/겸양어/정중한 표현 | 앞

팩스 작성법

학습사항. 3

❋ 팩스로 문서를 송신할 때에는, 문서만을 송신하는 것이 아니고, 첫 번째 종이에 송부장을 첨부해서 보내는 것이 비즈니스에서의 상식이다. 본 교재에서는 최저한의 비즈니스문서로서 이것만은 반드시 기록해야 할 가장 심플한 팩스 송부장의 작성 방법의 포인트를 설명하겠다.

작성순서

1. 최소한 작성 해야 할 6개의 포인트
2. 송신 년월일
3. 상대 회사명・성명
4. 서류작성자 회사명・성명
5. 첫 머리말과 맺음말, 인사
6. 송신 매수
7. 첨부내용, 비고

01 최소한 작성해야 할 6개의 포인트

팩스송부장을 작성할 때, 최소한으로 작성해야 할 포인트는 이하의 6개이다.

(1) 송신 년월일
(2) 상대 회사명・성명
(3) 서류작성자 회사명・성명
(4) 인사
(5) 송신 매수
(6) 첨부내용, 비고

기본적으로 팩스송부장에 대해서는, 이 6개를 작성해 두면 비즈니스로서 문제가 없는 서류라고 할 수 있다. 그럼, 여기서 작성방법의 주의점에 대해서 알아보자.

02 송신 년월일

팩스송신장의 오른쪽 위에 송신 년월일을 기재한다.
날짜가 없는 팩스송신장은, 언제 보낸 것인지 몰라서 분쟁의 원인이 되기도 힌다. 반드시 기재하도록 하자.

학습사항 3 — 팩스 작성법

03 상대 회사명·성명

왼쪽 위에 보낼 곳의 상대 회사명과 성명을 기재한다.

상대로부터 명함을 받았을 경우에는, 명함의 내용을 바탕으로 기재한다.

주식회사는 ㈜ 등으로 약어로 표시하는 것은 결례가 된다는 것을 명심해 두자.

그리고 상대 회사명, 성명 뒤에는 「御中:귀중」이랑 「様:님」을 붙인다.

회사명, 부서명에는 「御中:귀중」, 개인이름에는 「様:님」을 붙인다.

이 때, 「御中:귀중」이랑 「様:님」 둘 다 사용하지 않도록 주의하자.

예를 들면,
- 회사명만 사용할 경우 … イロハ株式会社 御中
- 회사명과 부서명을 사용할 경우 … イロハ株式会社 総務部 御中
- 회사명, 부서명, 성명을 사용할 경우 … イロハ株式会社 総務部 部長 山田様

04 서류작성자 회사명·성명

오른쪽 위에(날짜의 아래)에 서류 작성자의 회사명과 성명을 기재한다.

기본적으로는, 회사명, 주소, 전화번호(팩스번호), 성명 4개를 기재한다.

견적서랑 청구서는 회사의 직인이랑 담당자의 도장을 찍지만, 팩스송신장의 경우는 도장을 찍지 않는 것이 통례이다.

송신한 서류에 대해서 묻고 싶은 것 등이 있을지도 모르니, 반드시 전화번호와 팩스번호를 기재하도록 하자.

05 첫머리말과 맺음말, 인사

첫 머리말이라고 하는 것은 편지의 모두에 쓰는 「こんにちは:안녕하세요」에 해당하는 말이다. 맺음말도 편지의 말미에 쓰는 「それでは、また:그럼, 다음에 또」에 해당하는 말인데, 첫머리말에 대응한 말을 사용하는 것이 일반적이다.
비즈니스문서에서는 「拝啓:삼가 아룁니다」 「敬具:그럼, 안녕히 계십시오」를 사용하는 것이 일반적이다.
그 후에 인사문이 들어간다.
팩스로 서류를 송신만 할 경우는, 첫머리말과 맺음말에 「拝啓:삼가 아룁니다」 「敬具:그럼, 안녕히 계십시오」를 그대로 사용해도 전혀 지장이 없다.

06 송신 매수

팩스송신의 경우는, 반드시 송신매수를 기재한다.
요즘은, 회사의 팩스는 복합기인 경우가 많아서, 복사랑 비즈니스문서의 프린트 출력 등, 다양한 용도로 사용하고 있다.
몇 장을 보냈는지 불명확하다면, 예를 들면 다른 사람이 잘못 들고 가버리거나, 용지가 없어서 출력되지 않거나 하는 등, 문제의 원인이 된다.
반드시 송부장을 합쳐서 몇 장 송부했는지를 기재하자.

팩스 작성법

07 첨부내용, 비고

마지막으로 송부장의 내용과 비고를 기재한다.
가능한 한, 상대가 알기 쉽게, 항목 별로 기재한다.
만일, 그 외에 전하고 싶은 것이 있는 경우도, 여기에 비고로서 기재한다.
그리고 글의 첫 머리에 「お世話になっております:신세를 지고 있습니다」 등은 사용하지 않는다. 상기 5에서 이미 인사를 했기 때문에, 같은 인사말을 두 번 사용하지 않도록 하자.

그럼 다음 페이지에서 예를 든 팩스의 송신장을 알아보자.

FAX 送付内容

令和2年8月6日

株式会社 イロハ商事
高橋幸子 様

アイナビ事務所
東京都台東区竜泉4-24-26　サクビル
TEL:03-1234-5678 FAX:03-1234-5679
担当:厳　在完

拝啓

時下ますますご清栄のこととお慶び申し上げます。
早速ではございますが、下記の書類をお送り致しますので、
ご査収くださいますようお願い申し上げます。

敬具

送信枚数:4枚（送信状含む）

【送付内容】

- 見積書に関する書類
- 製品の詳細書類
- 支払い条件に関する書類

팩스 작성법

FAX송신장

레이와 2년 8월 6일

주식회사 이로하상사
타카하시 사치꼬 님

아이나비 사무소
도쿄도 다이토구 류센 4-24-26 사쿠 빌딩
TEL:03-1234-5678 FAX :03-1234-5679
담당 : 엄 재완

삼가 아룁니다

요즘 점점 더 번성하시는 것, 경하말씀 드립니다.
본론입니다만, 하기의 서류를 보내드릴 테니,
잘 살펴보시도록 부탁말씀 드립니다.

그럼, 안녕히 계십시오

송신매수 : 4장(송신장 포함)

【송부내용】

- 견적서에 관한 서류
- 제품의 상세서류
- 지불조건에 관한 서류

어휘 표현

- ☐ 送信状(そうしんじょう) 송신장
- ☐ 令和(れいわ) 레이와
- ☐ 株式会社(かぶしきがいしゃ) 주식회사
- ☐ 商事(しょうじ) 상사
- ☐ 事務所(じむしょ) 사무소
- ☐ 担当(たんとう) 담당
- ☐ 拝啓(はいけい) 삼가 아룁니다
- ☐ 時下(じか) 요즘
- ☐ ますます 점점 더
- ☐ 清栄(せいえい) 번성
- ☐ お慶(よろこ)び 경하
- ☐ 申(もう)し上(あ)げる 「言(い)う-말하다」의 겸양표현
- ☐ 早速(さっそく) 즉시, 바로
- ☐ 下記(かき) 하기
- ☐ 書類(しょるい) 서류
- ☐ 送(おく)る 보내다
- ☐ お+동사ます형+致(いた)す 겸양표현
- ☐ 査収(さしゅう) 잘 살펴봄
- ☐ 敬具(けいぐ) 그럼, 안녕히 계십시오
- ☐ 枚数(まいすう) 매수
- ☐ 含(ふく)む 포함하다
- ☐ 内容(ないよう) 내용
- ☐ 送付(そうふ) 송부
- ☐ 見積書(みつもりしょ) 견적서
- ☐ 関(かん)する 관하다
- ☐ 製品(せいひん) 제품
- ☐ 詳細(しょうさい) 상세
- ☐ 支払(しはら)い 지불
- ☐ 条件(じょうけん) 조건

초급

第０１課 ビジネス電話（１）   **28**
　　　　비즈니스 전화

第０２課 ビジネス電話（２）   **34**
　　　　비즈니스 전화

第０３課 ビジネス電話（３）   **40**
　　　　비즈니스 전화

第０４課 お迎え   **46**
　　　　마중

第０５課 お問い合わせ（資料請求）   **52**
　　　　문의(자료청구)

第０６課 お問い合わせ（金額交渉）   **58**
　　　　문의(금액교섭)

第０７課 取引先訪問   **64**
　　　　거래처 방문

第０８課 マーケティング会議   **70**
　　　　마케팅회의

第０９課 展示場での製品紹介   **76**
　　　　전시장에서의 제품소개

第１０課 日程協議   **82**
　　　　일정협의

第１１課 観光案内   **88**
　　　　관광안내

第１２課 ショッピング案内　　　　　　　　　　　**94**
　　　쇼핑안내

第１３課 酒の接待　　　　　　　　　　　　　　**100**
　　　술의 접대

第１４課 食事の接待　　　　　　　　　　　　　**106**
　　　식사의 접대

第１５課 見送り　　　　　　　　　　　　　　　**112**
　　　배웅

중급

第０１課 ビジネス文章作成（１）　　　　　　　**120**
　　　挨拶状 비즈니스 문장작성 인사문

第０２課 ビジネス文章作成（２）イベントのご案内　　**126**
　　　비즈니스 문장작성 이벤트 안내

第０３課 ビジネス文章作成（３）感謝状　　　　**132**
　　　비즈니스 문장작성 감사장

第０４課 ビジネス文章作成（４）アポ取り　　　**138**
　　　비즈니스 문장작성 약속 잡기

第０５課 プレゼンテーション（１）製品紹介　　**144**
　　　프레젠테이션 제품소개

第０６課 プレゼンテーション（２）プロモーション企画　　**150**
　　　프레젠테이션 프로모션 기획

第０７課 プレゼンテーション（３）年間計画　　**156**
　　　프레젠테이션 연간계획

第０８課 プレゼンテーション（４）新商品開発の提案　　**162**
　　프레젠테이션 신상품개발의 제안

第０９課 新規取引の提案（１）　　**168**
　　신규거래의 제안

第１０課 新規取引の提案（２）　　**174**
　　신규거래의 제안

第１１課 見本送付依頼（１）電話にて　　**180**
　　견본송부의뢰 전화로

第１２課 見本送付依頼（２）見本市にて　　**186**
　　견본송부의뢰 견본시장에서

第１３課 クレーム（１）電話対応　　**192**
　　클레임 전화응대

第１４課 クレーム（２）　　198
　　클레임

第１５課 支払い請求　　**204**
　　지불청구

고급

第０１課 工場見学（１）自社視察　　**212**
　　공장견학 자사시찰

第０２課 工場見学（２）他社視察　　**218**
　　공장견학 타사시찰

第０３課 代金支払い延期の要請（１）　　**224**
　　대금지불 연기의 요청

第０４課 代金支払い延期の要請（２）　　**230**
　　대금지불 연기의 요청

第05課 ビジネスEメール（1）株主会議　　　　　　　　　　**236**
　　　비즈니스 이메일 주주총회

第06課 ビジネスEメール（2）社内幹部会議　　　　　　　**242**
　　　비즈니스 이메일 사내간부회의

第07課 ビジネスEメール（3）契約関係　　　　　　　　　**248**
　　　비즈니스 이메일 계약관계

第08課 ビジネスEメール（4）他社とのトップ会談のアポイント　**254**
　　　비즈니스 이메일 타사와의 CEO회담의 약속

第09課 製品注文依頼（1）　　　　　　　　　　　　　　　**260**
　　　제품주문의뢰

第10課 製品注文依頼（2）　　　　　　　　　　　　　　　**266**
　　　제품주문의뢰

第11課 納品期日のお問い合わせ　　　　　　　　　　　　**272**
　　　납품기일의 문의

第12課 不良品交換のお問い合わせ　　　　　　　　　　　**278**
　　　불량품교환의 문의

第13課 納期延滞に対する抗議　　　　　　　　　　　　　**284**
　　　납기지체에 대한 항의

第14課 代金支払い延滞に対する抗議　　　　　　　　　　**290**
　　　대금지불지체에 대한 항의

第15課 製品品質のお知らせ　　　　　　　　　　　　　　**296**
　　　제품품질의 알림

초급

unit.1 ビジネス電話(1)

A 일상회화

社員　：　はい、イロハ商事です。

金　　：　私はサクラ企画の金と申します。

社員　：　いつもお世話になっております。

金　　：　こちらこそお世話になっております。営業部の佐藤さんはいらっしゃいますか。

社員　：　あいにく席を外しております。

金　　：　長引きそうですか。

社員　：　会議中なので、１時間はかかると思います。

金　　：　それでは後ほど、電話をかけなおすようにします。

해　석

사원　：예, 이로하 상사입니다.

김　　：저는 사쿠라 기획의 김이라고 합니다.

사원　：항상 신세를 지고 있습니다.

김　　：이쪽이야 말로 신세를 지고 있습니다. 영업부의 사토 씨는 계십니까?

사원　：공교롭게도 자리를 비웠습니다.

김　　：오래 걸릴 것 같습니까?

사원　：회의 중이어서 1시간은 걸릴 거라고 생각합니다.

김　　：그럼 나중에 전화를 새로 걸도록 하겠습니다.

어휘 표현

- 社員 사원
- 商事 상사
- 企画 기획
- 申す 「言う-말하다」의 겸양어
- お世話になる 신세를 지다
- 営業部 영업부
- いらっしゃる 「いる-있다/行く-가다/来る-오다」의 존경어
- あいにく 공교롭게도
- 席を外す 자리를 비우다
- 長引く 지연되다
- 会議中 회의 중
- 後ほど 나중에

unit. 1 ビジネス電話(1)

もっともっと

1. <u>いつも</u>お出迎えくださって、ありがとうございます。
   → 항상 마중해 주셔서 감사합니다.

2. <u>いつも</u>電車で通勤しています。
   → 항상 전철로 통근하고 있습니다.

3. <u>あいにく</u>その時期は仕事が重なっております。
   → 공교롭게도 그 시기는 일이 겹쳐 있습니다.

4. <u>あいにく</u>山田さんは不在中です。
   → 공교롭게도 야마다 씨는 부재중입니다.

어휘 표현

□ いつも 항상 □ 出迎える 환영하다, 마중하다 □ 電車 전철 □ 通勤 통근
□ あいにく 공교롭게도 □ 時期 시기 □ 仕事 일 □ 重なる 겹치다
□ 不在中 부재중

5. それでは後ほどお伺いします。
   → 그럼 나중에 찾아 뵙겠습니다.

6. 後ほど連絡してもよろしいでしょうか。
   → 나중에 연락해도 괜찮겠습니까?

7. 間違っていた部分は書きなおします。
   → 틀린 부분은 새로 쓰겠습니다.

8. やりなおすことには勇気や動機が必要になります。
   → 새로 한다는 것에는 용기랑 동기가 필요합니다.

어휘 표현

- □ 後ほど (のち) 나중
- □ 伺う (うかが) 「聞く-묻다/訪ねる-방문하다」의 겸양어
- □ 連絡 (れんらく) 연락
- □ 間違う (まちが) 틀리다
- □ 部分 (ぶぶん) 부분
- □ 書く (か) 쓰다
- □ 動詞ます形+なおす 새로~하다
- □ 勇気 (ゆうき) 용기
- □ 動機 (どうき) 동기
- □ 必要 (ひつよう) 필요

unit. 1 ビジネス電話(1)

어휘연습

일본어	읽기	의미
企画		
営業部		
席		
長引く		
会議中		
後ほど		
電話		

작문연습

1. 저는 한국상사의 김이라고 합니다.

2. 저야 말로 잘 부탁합니다.

3. 총무부의 이노우에 씨는 계십니까?

4. 야마다 씨는 지금 부재중입니다.

5. 나중에 찾아 뵈어도 괜찮겠습니까?

 문제풀이

일본어	읽기	의미
企画	きかく	기획
営業部	えいぎょうぶ	영업부
席	せき	좌석, 자리
長引く	ながびく	지연되다
会議中	かいぎちゅう	회의 중
後ほど	のちほど	나중
電話	でんわ	전화

1. 私は韓国商事の金と申します。

2. こちらこそよろしくお願いします。

3. 総務部の井上さんはいらっしゃいますか。

4. 山田はただいま不在中です。

5. 後ほどお伺いしてもよろしいでしょうか。

ビジネス電話 (2)

A 일상회화

社員 : はい、イロハ商事です。

金 : 私はサクラ企画の金と申します。

社員 : いつも大変お世話になっております。

金 : こちらこそお世話になっております。営業部に電話を取り次いでいただけませんでしょうか。

社員 : どういったご用件でしょうか。

金 : この度、弊社で新商品を開発したのですがぜひ御社で取り扱っていただけないかとご相談させていただきたく存じます。

社員 : かしこまりました。担当の者に取り次ぎますので、少々お待ちください。

사원 : 예, 이로하 상사입니다.

김 : 저는 사쿠라 기획의 김이라고 합니다.

사원 : 항상 매우 신세를 지고 있습니다.

김 : 이쪽이야 말로 신세를 지고 있습니다. 영업부에 전화를 연결해 주실 수 없겠습니까?

사원 : 어떤 용건입니까?

김 : 이번에, 저의 회사에서 신상품을 개발했습니다만 꼭 귀사에서 취급해 주실 수 없을까 해서 상담 받고 싶다고 생각합니다.

사원 : 알겠습니다. 담당자에게 연결할 테니 잠시 기다려 주세요.

어휘 표현

- 商事 상사
- 企画 기획
- 大変 매우
- 営業部 영업부
- 取り次ぐ 연결하다
- 用件 용건
- この度 이번
- 弊社 저희 회사
- 新商品 신상품
- 開発 개발
- 御社 귀사
- 取り扱う 취급하다
- 相談 상담
- 동사사역형+〜ていただく 겸양표현(〜하겠다)
- 存じる 「思う-생각하다」의 겸양어
- かしこまる 「分かる-알다」의 겸양어
- 担当者 담당자
- 少々 잠시

ビジネス電話(2)

A もっともっと

1. 忙しいのに大変な仕事を頼まれて困りました。
   → 바쁜데도 힘든 일을 부탁받아서 곤란했습니다.

2. 彼の予言どおり、大変な事件が起きた。
   → 그의 예언대로, 엄청난 사건이 일어났다.

3. 私の希望を彼に取り次いでください。
   → 저의 희망을 그에게 전해주세요.

4. 取り次ぐ相手の名前は必ず復唱して下さい。
   → 전달할 상대방의 이름은 반드시 복창해 주세요.

어휘 표현

- 忙しい 바쁘다
- 大変だ 엄청나다, 큰일이다
- 仕事 일
- 頼む 부탁하다
- 困る 곤란하다
- 予言 예언
- ～どおり ～대로
- 事件 사건
- 起きる 일어나다
- 希望 희망
- 取り次ぐ 연결하다, 전하다
- 相手 상대
- 名前 이름
- 必ず 반드시
- 復唱 복창

5. この度はご結婚おめでとうございます。
   → 금번의 결혼 축하합니다.

6. この度異動により営業部より参りました杉本と申します。
   → 이번에 인사이동에 의해 영업부에서 온 스기모토라고 합니다.

7. ぜひ富士山に登りたい。
   → 꼭 후지산에 올라가고 싶다.

8. ぜひ遊びに来てください。
   → 꼭 놀러 와 주세요.

어휘 표현

- □ この度 이번, 금번 □ 結婚 결혼 □ 異動 인사이동
- □ ～により ～에 의해 □ 営業部 영업부 □ より 부터
- □ 参る 「行く-가다/来る-오다」의 겸양어 □ ぜひ 꼭 □ 登る 오르다
- □ 遊ぶ 놀다 □ かけなおす 새로 걸다

unit. 2 ビジネス電話(2)

어휘연습

일본어	읽기	의미
商事		
取り次ぐ		
用件		
弊社		
新商品		
開発		
御社		

작문연습

1. 총무부로 전화를 연결해 주실 수 없겠습니까?

2. 용건을 여쭙겠습니다.

3. 신상품의 개발은 언제입니까?

4. 저희 회사에서는 취급하고 있지 않습니다.

5. 담당자는 언제 돌아오십니까?

 문제풀이

일본어	읽기	의미
商事	しょうじ	상사
取り次ぐ	とりつぐ	연결하다, 전하다
用件	ようけん	용건
弊社	へいしゃ	저희 회사
新商品	しんしょうひん	신상품
開発	かいはつ	개발
御社	おんしゃ	귀사

1. 総務部に電話を取り次いでいただけませんでしょうか。

2. ご用件をお伺いします。

3. 新商品の開発はいつですか。

4. 御社では取り扱っておりません。

5. 担当者はいつお戻りになりますか。

ビジネス電話(3)

일상회화

島津 ： はい、イロハ商事です。

金 ： 私はサクラ企画の金と申しますが、営業部の島津さんはいらっしゃいますか。

島津 ： 私ですけれども。

金 ： 突然のお電話で申し訳ございません。取引先のヤマト企画の朴さんからご紹介いただきました。

島津 ： ヤマト企画の朴さんだったらよく知っていますよ。

金 ： この度、弊社で開発した新商品を、日本に輸入いただける会社を探しています。

島津 ： そうですか。それでしたらその新商品に関する資料を送付いただけますか。

金 ： 実は、今、日本に短期滞在しているので、お時間をいただけたら、御社に伺って説明したいのですけど。

島津 ： 了解しました。明日の午前中だったら少し時間があります。

金 ： では明日の朝１１時に御社に伺うようにします。

 해 석

시마즈 : 예, 이로하 상사입니다.

김 : 저는 사쿠라 기획의 김이라고 합니다만, 영업부의 시마즈 씨는 계십니까?

시마즈 : 접니다만.

김 : 갑작스런 전화로 죄송합니다. 거래처의 야마토 기획의 박 상으로부터 소개 받았습니다.

시마즈 : 야마토 기획의 박 상이라면 잘 알고 있습니다.

김 : 이번에 저희 회사에서 개발한 신상품을 일본에 수입해 주실 수 있는 회사를 찾고 있습 니다.

시마즈 : 그렇습니까? 그렇다면 그 신상품에 관한 자료를 송부해 주실 수 있습니까?

김 : 실은, 지금 일본에 단기체류하고 있으니, 시간을 주시면 귀사로 찾아 뵙고 설명하고 싶습니다만.

시마즈 : 알겠습니다. 내일 오전 중이라면 조금 시간이 있습니다.

김 : 그럼 내일 아침 11시에 귀사로 찾아 뵙도록 하겠습니다.

어휘 표현

- ☐ 突然 갑자기
- ☐ 申し訳ない 죄송하다
- ☐ 取引先 거래처
- ☐ 紹介 소개
- ☐ 弊社 저희 회사
- ☐ 開発 개발
- ☐ 新商品 신상품
- ☐ 輸入 수입
- ☐ 探す 찾다
- ☐ 関する 관하다
- ☐ 資料 자료
- ☐ 送付 송부
- ☐ 実は 실은
- ☐ 短期 단기
- ☐ 滞在 체재, 체류
- ☐ 御社 귀사
- ☐ 伺う 「聞く-묻다/訪ねる-방문하다」의 겸양어
- ☐ 説明 설명
- ☐ 了解する 알다, 이해하다
- ☐ 午前中 오전 중

ビジネス電話(3)

unit. 3

もっともっと

1. 子どもが突然飛び出してきた。
   → 아이가 갑자기 뛰어나왔다.

2. 突然の停電、どうすればよいのでしょうか。
   → 갑작스런 정전, 어떻게 하면 좋을까요?

3. 取引先が倒産して困っています。
   → 거래처가 도산해서 난처합니다.

4. 取引先についていろんなことを調べました。
   → 거래처에 대해서 여러 가지 것을 조사했습니다.

어휘 표현

- 子ども 아이
- 突然 갑자기
- 飛び出す 뛰쳐나오다
- 停電 정전
- 取引先 거래처
- 倒産 도산
- 困る 곤란하다
- 調べる 조사하다

5. マスクの販売に関する情報をお知らせします。
　　→ 마스크의 판매에 관한 정보를 알려드리겠습니다.

6. お支払いに関する質問があります。
　　→ 지불에 관한 질문이 있습니다.

7. 実は私はお酒は全然飲めないんです。
　　→ 실은 나는 술은 전혀 못 마십니다.

8. 実は彼の話は嘘だった。
　　→ 실은 그의 이야기는 거짓말이었다.

어휘 표현

- 販売 판매
- 関する 관하다
- 情報 정보
- 知らせる 알리다
- 支払い 지불
- 質問 질문
- 実は 실은
- 酒 술
- 全然 전혀
- 飲む 마시다
- 話 이야기
- 嘘 거짓말

unit.3

 어휘연습

일본어	읽기	의미
紹介		
輸入		
探す		
資料		
送付		
短期		
滞在		

 작문연습

1. 갑작스런 연락으로 죄송합니다.

2. 일본으로 수입하고 싶은 상품이 있습니다.

3. 상품에 관한 자료를 메일로 보내주세요.

4. 오늘부터 3일간 일본에 체류합니다.

5. 오전 중에 귀사로 찾아 뵙겠습니다

 문제풀이

일본어	읽기	의미
紹介	しょうかい	소개
輸入	ゆにゅう	수입
探す	さがす	찾다
資料	しりょう	자료
送付	そうふ	송부
短期	たんき	단기
滞在	たいざい	체재, 체류

1. 突然のご連絡で申し訳ございません。

2. 日本に輸入したい商品があります。

3. 商品に関する資料をメールで送ってください。

4. 今日から三日間日本に滞在します。

5. 午前中に御社に伺います。

unit. 4 お迎え

일상회화

社員 : どちら様でしょうか。

金　 : サクラ企画の金と申します。

社員 : 失礼ですが、お約束でしょうか。

金　 : はい。営業部の島津さんと午前１１時の約束です。

社員 : 了解しました。それでは島津を呼んでまいりますので、少々お待ちください。

金　 : はい。

 해석

사원　: 누구십니까?

김　　: 사쿠라 기획의 김이라고 합니다.

사원　: 실례합니다만, 약속을 하셨습니까?

김　　: 예. 영업부의 시마즈 씨와 오전 11시의 약속입니다.

사원　: 알겠습니다. 그럼 시마즈를 불러올 테니 잠시 기다려 주세요.

김　　: 예.

어휘 표현

□ お迎え 환영, 마중　□ 失礼 실례　□ 約束 약속　□ 午前 오전
□ 了解する 알다, 이해하다　□ まいる 「行く-가다/来る-오다」의 겸양어

unit.4 お迎え

A もっともっと

1. 何時ごろお迎えにあがりましょうか。
   → 몇 시경 마중하러 갈까요?

2. お迎えの時間は杉本さんが決めてもいいですよ。
   → 마중 시간은 스기모토 씨가 정해도 좋습니다.

3. そんな失礼な人とは、仕事でもプライベートでもつきあうのがイヤになるものです。
   → 저런 예의 없는 사람과는 일이든 개인적인 것이든 어울리는 것이 싫은 법입니다.

4. 失礼にならないように気をつけましょう。
   → 실례가 되지 않도록 주의합시다.

어휘 표현

- □ 何時ごろ(なんじ) 몇 시경   □ お迎え(むか) 환영, 마중   □ あがる 찾아 뵙다
- □ 決める(き) 정하다   □ 失礼(しつれい) 실례   □ 仕事(しごと) 일   □ プライベート 개인적
- □ つきあう 어울리다   □ 気をつける(き) 주의하다

5. 送った荷物は明日届くということで了解した。
   → 보낸 짐은 내일 배달되는 것으로 이해했다.

6. 会議日程の件、了解いたしました。
   → 회의일정의 건, 이해했습니다.

7. 明日はイベント開催のため、東京へまいります。
   → 내일은 이벤트 개최를 위해 도쿄에 갑니다.

8. 来月の長期休みに、実家の広島へまいります。
   → 다음달 장기휴가에, 본가인 히로시마에 갑니다.

어휘 표현

- □ 送る 보내다
- □ 荷物 짐
- □ 明日 내일
- □ 届く 배달되다
- □ 了解する 알다, 이해하다
- □ 会議 회의
- □ 日程 일정
- □ 件 건
- □ 開催 개최
- □ まいる 「行く-가다/来る-오다」의 겸양어
- □ 来月 다음달
- □ 長期休み 장기휴가
- □ 実家 본가

unit.4 お迎え

어휘연습

일본어	읽기	의미
失礼		
約束		
午前		
荷物		
日程		
開催		
長期		

작문연습

1. 홍보부의 이노우에 씨와 오후 2시의 약속입니다.

2. 담당자인 스기모토를 불러오겠습니다.

3. 사무실에서 잠시 기다려 주세요.

4. 마중 와 주셔서 감사합니다.

5. 말씀하시는 것은 알겠습니다.

 문제풀이

일본어	읽기	의미
失礼	しつれい	실례
約束	やくそく	약속
午前	ごぜん	오전
荷物	にもつ	짐
日程	にってい	일정
開催	かいさい	개최
長期	ちょうき	장기

1. 広報部(こうほうぶ)の井上(いのうえ)さんと午後(ごご)2時の約束(やくそく)です。

2. 担当者(たんとうしゃ)の杉本(すぎもと)を呼(よ)んでまいります。

3. 事務所(じむしょ)で少々(しょうしょう)お待(ま)ちください。

4. お迎(むか)えに来(き)てくれてありがとうございます。

5. おっしゃることは了解(りょうかい)しました。

unit.5 お問い合わせ（資料請求）

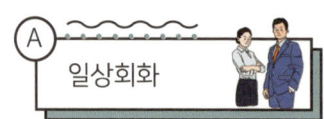
A 일상회화

金 : はい、サクラ企画です。

島津 : すみません。少々お尋ねしたいことがあって、お電話しました。

金 : 何でしょうか。

島津 : 雑誌で御社の商品を拝見しました。資料をいただけないでしょうか。

金 : はい、お送りします。

島津 : それでは郵送で送付いただけませんか。

金 : かしこまりました。お名前、ご住所、連絡先をお教えください。早急にお送りするようにします。

島津 : ありがとうございます。

김 : 예, 사쿠라 기획입니다.

시마즈 : 실례합니다. 잠시 여쭙고 싶은 것이 있어서, 전화했습니다.

김 : 무엇입니까?

시마즈 : 잡지에서 귀사의 상품을 보았습니다. 자료를 받을 수 없을까요?

김 : 예, 보내드리겠습니다.

시마즈 : 그럼 우송으로 송부해 주실 수 없겠습니까?

김 : 알겠습니다. 성함, 주소, 연락처를 가르쳐 주세요. 즉시 보내 드리도록 하겠습니다.

시마즈 : 감사합니다.

어휘 표현

- お問い合わせ 문의
- 資料 자료
- 請求 청구
- 尋ねる 묻다
- 雑誌 잡지
- 御社 귀사
- 商品 상품
- 拝見する 「見る-보다」의 겸양어
- 送る 보내다
- 郵送 우송
- 送付 송부
- かしこまる 「分かる-알다」의 겸양어
- お名前 성함
- 住所 주소
- 連絡先 연락처
- 教える 가르치다
- 早急に 즉시

unit. 5 お問い合わせ（資料請求）

A もっともっと

1. 先日ご紹介いただいた施設を拝見しました。
   → 전날 소개받았던 시설을 보았습니다.

2. 御社のパンフレットを拝見しました。
   → 귀사의 팜플렛을 보았습니다.

3. 先生、すみませんが、この単語の意味を教えていただけませんか。
   → 선생님, 죄송합니다만, 이 단어의 의미를 가르쳐 주실 수 없겠습니까?

4. 先生、推薦状を書いていただけませんか。
   → 선생님, 추천장을 써 주실 수 없겠습니까?

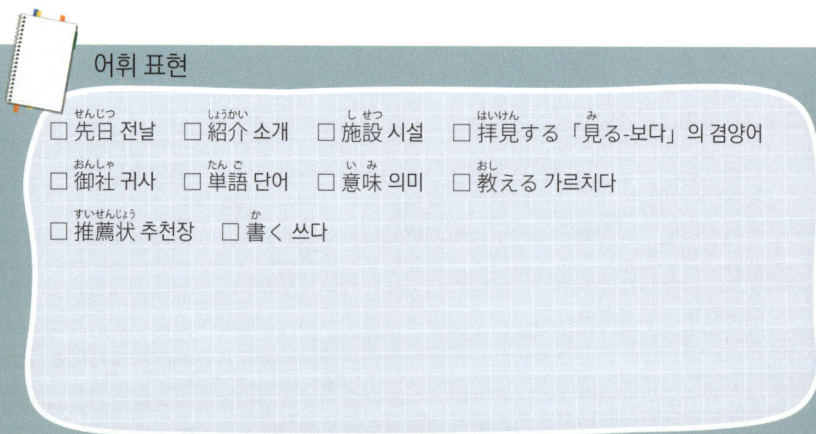

어휘 표현
- □ 先日 전날
- □ 紹介 소개
- □ 施設 시설
- □ 拝見する「見る-보다」의 겸양어
- □ 御社 귀사
- □ 単語 단어
- □ 意味 의미
- □ 教える 가르치다
- □ 推薦状 추천장
- □ 書く 쓰다

5. 緊急で会議が始まるため早急に資料を作ることになった。
   → 긴급으로 회의가 시작되기 때문에 즉시 자료를 만들게 되었다.

6. 早急にお調べいたしますので少々お待ちください。
   → 즉시 살펴볼 테니 잠시 기다려 주세요.

7. 今日からお酒を飲まないようにします。
   → 오늘부터 술을 마시지 않기로 하겠습니다.

8. 肉だけでなく、野菜も食べるようにしています。
   → 고기뿐만 아니라 야채도 먹도록 하고 있습니다.

어휘 표현

- ☐ 緊急 긴급
- ☐ 会議 회의
- ☐ 始まる 시작되다
- ☐ 早急に 즉시
- ☐ 資料 자료
- ☐ 作る 만들다
- ☐ 調べる 조사하다
- ☐ 少々 잠시
- ☐ 待つ 기다리다
- ☐ 今日 오늘
- ☐ お酒 술
- ☐ 飲む 마시다
- ☐ ～ようにする ～하도록 하다
- ☐ 肉 고기
- ☐ ～だけでなく ～뿐만 아니라
- ☐ 野菜 야채

unit. 5 お問い合わせ（資料請求）

어휘연습

일본어	읽기	의미
請求		
尋ねる		
雑誌		
郵送		
連絡先		
緊急		
野菜		

작문연습

1. 모르는 것이 있어서 연락드렸습니다.

2. 어제 귀사의 제품을 보았습니다.

3. 상품에 관한 자료를 즉시 보내드리겠습니다.

4. 하루라도 빨리 가도록 하겠습니다.

5. 우편으로 샘플을 보내 주세요.

 문제풀이

일본어	읽기	의미
請求	せいきゅう	청구
尋ねる	たずねる	묻다, 질문하다
雑誌	ざっし	잡지
郵送	ゆうそう	우송
連絡先	れんらくさき	연락처
緊急	きんきゅう	긴급
野菜	やさい	야채

1. 分からないことがあってご連絡しました。

2. 昨日、御社の製品を拝見しました。

3. 商品に関する資料を早急にお送りします。

4. 一日も早く行くようにします。

5. 郵便で見本を送ってください。

お問い合わせ（金額交渉）

A 일상회화

金　　：　先日ご提示いただいた見積についてご相談したいのですが。

島津　：　どうしたのでしょうか。

金　　：　別の会社に見積をとらせたのですが、御社よりも少し安くするとのことです。

島津　：　そうなのですか。どのくらいですか。

金　　：　御社の３０万円に対して、２８万円です。

島津　：　それでは、それよりも少しお安くできるように、検討してみます。上司とも相談して、早急にご連絡します。

金　　：　よろしくお願いします。

島津　：　はい、ちょっと頑張ってみます。

해 석

김 : 전날 제시해 주신 견적에 대해서 상담하고 싶습니다만.

시마즈 : 무슨 일입니까?

김 : 다른 회사에게 견적을 내도록 했습니다만, 귀사보다도 조금 저렴하게 한다고 해요.

시마즈 : 그렇습니까? 어느 정도입니까?

김 : 귀사의 30만 엔에 대해서, 28만 엔입니다.

시마즈 : 그럼, 그것보다도 조금 저렴하게 할 수 있도록 검토해 보겠습니다. 상사와도 상담해서 즉시 연락하겠습니다.

김 : 잘 부탁합니다.

시마즈 : 예, 좀 분발해 보겠습니다.

어휘 표현

- 金額 금액
- 交渉 교섭
- 先日 전날
- 提示 제시
- 見積 견적
- 相談 상담
- 別 다른
- 御社 귀사
- ～とのこと ～라는 것
- ～に対して ～에 대해서
- 検討 검토
- 上司 상사
- 早急に 즉시
- 連絡 연락
- 頑張る 열심히 하다

unit.6 お問い合わせ（金額交渉）

A もっともっと

1. <u>先日</u>もらったばかりのテレビが壊れてしまった。
   → 전날 받은지 얼마 되지 않는 텔레비전이 고장나 버렸다.

2. <u>先日</u>の会議の議事録の確認をお願いいたします。
   → 전날의 회의의 의사록의 확인을 부탁합니다.

3. 自動車保険の<u>見積</u>から契約手続きまでインターネットでできる。
   → 자동차보험의 견적에서 계약수속까지 인터넷으로 할 수 있다.

4. 両社の<u>見積</u>を比べ合う必要がある。
   → 양사의 견적을 서로 비교할 필요가 있다.

어휘 표현

- 先日(せんじつ) 전날
- 壊(こわ)れる 고장나다
- 会議(かいぎ) 회의
- 議事録(ぎじろく) 의사록
- 確認(かくにん) 확인
- 自動車(じどうしゃ) 자동차
- 保険(ほけん) 보험
- 見積(みつもり) 견적
- 契約(けいやく) 계약
- 手続(てつづ)き 수속
- 両社(りょうしゃ) 양사
- 比(くら)べ合う 서로 비교하다
- 必要(ひつよう) 필요

5. 伝染病は東京から別の県に広がった。
    → 전염병은 도쿄에서 다른 현으로 번졌다.

6. 別の意見を聞くことにしましょう。
    → 다른 의견을 듣기로 합시다.

7. 気象庁は津波に注意するように呼び掛けている。
    → 기상청은 해일에 주의하도록 호소하고 있다.

8. 住所が変わったときには、速やかに学校に届けるように。
    → 주소가 바뀌었을 때는, 재빨리 학교에 연락하도록.

어휘 표현

- 伝染病 전염병
- 別の～ 다른～
- 県 현
- 広がる 번지다
- 意見 의견
- 聞く 듣다
- 気象庁 기상청
- 津波 해일
- 注意 주의
- 동사기본형+ように ～하도록
- 住所 주소
- 変わる 바뀌다
- 速やかだ 재빠르다
- 届ける 신고하다, 배달하다

unit. 6 お問い合わせ（金額交渉）

어휘연습

일본어	읽기	의미
交渉		
提示		
相談		
検討		
上司		
連絡		
金額		

작문연습

1. 일본문화에 대해서 묻고 싶은 것이 있습니다.

2. 이곳은 옛날에는 바다였다는 것입니다.

3. 귀사의 견적 ５０만엔에 대해서, A사는 ３０만엔입니다.

4. 저희 회사의 제안에 대해서 검토해 주세요.

5. 교수님과도 대화하고 나서 결정하겠습니다.

문제풀이

일본어	읽기	의미
交渉	こうしょう	교섭
提示	ていじ	제시
相談	そうだん	상담
検討	けんとう	검토
上司	じょうし	상사
連絡	れんらく	연락
金額	きんがく	금액

1. 日本文化について聞きたいことがあります。

2. ここは昔は海だったとのことです。

3. 御社の見積５０万円に対して、A社は３０万円です。

4. 弊社の提案について検討してください。

5. 教授とも話し合ってから決めます。

unit.7 取引先訪問

일상회화

社員　　：　こんにちは。

来客者　：　こんにちは。

社員　　：　わざわざ弊社まで来社いただき、ありがとうございます。

来客者　：　とんでもないです。こちらこそ今日は時間をいただきまして、ありがとうございます。

社員　　：　奥の接客室へどうぞ。

来客者　：　はい。

社員　　：　席に座ってお待ちください。お茶をお持ちしますね。コーヒーにしますか。お茶にしますか。

来客者　：　お茶でお願いします。

 해　석

사원　　：안녕하세요.

내방자　：안녕하세요

사원　　：일부러 저희 회사까지 내사해 주셔서 감사합니다.

내방자　：당치않습니다. 이쪽이야 말로 오늘은 시간을 내주셔서 감사합니다.

사원　　：안쪽의 접객실로 오세요.

내방자　：예.

사원　　：자리에 앉아서 기다려 주세요. 차를 들고 오겠습니다. 커피로 하겠습니까? 차로 하겠 습니까?

내방자　：차로 부탁합니다.

어휘 표현

- 取引先 거래처
- 訪問 방문
- 社員 사원
- 来客者 내방자
- わざわざ 일부러
- 弊社 저희 회사
- 来社 내사
- 奥 안쪽
- 接客室 접객실
- 席 자리
- 座る 앉다
- お茶 차

unit.7 取引先訪問

A もっともっと

1. <u>わざわざ</u>作ったのだからたくさん食べてください。
   → 일부러 만들었으니 많이 드세요.

2. あなたが<u>わざわざ</u>行くことはない。
   → 당신이 일부러 갈 필요는 없다.

3. それでは、２月５日４時のご<u>来社</u>お待ちしております。
   → 그럼, 2월 5일 4시의 내사를 기다리고 있겠습니다.

4. 本日はお忙しいなかご<u>来社</u>いただきありがとうございます。
   → 오늘은 바쁘신 중에 내사해 주셔서 감사합니다.

어휘 표현

- □ わざわざ 일부러
- □ 作る 만들다
- □ 食べる 먹다
- □ 来社 내사
- □ 本日 오늘
- □ 忙しい 바쁘다

5. 去年はあれこれ考えて結局諦めたが、今年こそは受験したい。
   → 작년은 이것저것 생각하여 결국 포기했지만, 올해야 말로 시험을 치고 싶다.

6. 一生懸命がんばることこそ、人生に幸せをもたらすだろう。
   → 열심히 분발하는 것이야 말로, 인생에 행복을 가져올 것이다.

7. コーヒーはホットにします。
   → 커피는 따뜻한 것으로 하겠습니다.

8. 私は行かないことにします。
   → 나는 안 가기로 하겠습니다.

어휘 표현

- 去年(きょねん) 작년
- 考える(かんがえる) 생각하다
- 結局(けっきょく) 결국
- 諦める(あきらめる) 포기하다
- 今年(ことし) 올해
- 受験(じゅけん) 수험
- 一生懸命(いっしょうけんめい) 열심히
- ～こそ ～이야 말로
- 人生(じんせい) 인생
- 幸せ(しあわせ) 행복
- もたらす 초래하다
- ～にする ～으로 하다

unit. 7 取引先訪問

어휘연습

일본어	읽기	의미
訪問		
接客室		
本日		
去年		
結局		
諦める		
受験		

작문연습

1. 일부러 마중 와 주셔서 감사합니다.

2. 내일 잠시 시간을 내 주실 수 없겠습니까?

3. 사무실 안에서 기다려 주세요.

4. 차와 과자를 들고 오겠습니다.

5. 따뜻한 커피로 부탁합니다.

 문제풀이

일본어	읽기	의미
訪問	ほうもん	방문
接客室	せっきゃくしつ	접객실
本日	ほんじつ	오늘
去年	きょねん	작년
結局	けっきょく	결국
諦める	あきらめる	포기하다
受験	じゅけん	수험

1. わざわざお迎えにきていただき、ありがとうございます。

2. 明日、ちょっと時間をさいていただけませんか。

3. 事務所の中でお待ちください。

4. お茶とお菓子をお持ちします。

5. ホットコーヒーでお願いします。

マーケティング会議

일상회화

課長　：　これからマーケティング会議を始めます。まずは島津君から、最近の販売に関する現場報告をしてもらいます。

島津　：　はい。まずは会議前にお配りした資料を参照ください。

課長　：　今月の売り上げはどうでしたか。

島津　：　先月と比べて１．２倍アップしました。

課長　：　購買者層には何か変化はありましたか。

島津　：　雑誌で紹介されたこともあって、若者層にも購買者が広がったことが考えられます。

課長　：　他にも何か実証はあるのですか。

島津　：　他には、ネット会員の年齢アンケートの結果があげられます。２０代、３０代の会員が、先月に比べ１．５倍増えました。

해 석

과장 : 지금부터 마케팅회의를 시작하겠습니다. 우선은 시마즈 군부터 최근의 판매에 관한 현장보고를 해 주세요.

시마즈 : 예. 우선은 회의 전에 나누어 드린 자료를 참조해 주세요.

과장 : 이번 달의 매상은 어떻습니까?

시마즈 : 지난 달과 비교해서 1.2배 올랐습니다.

과장 : 구매자 층에는 뭔가 변화는 있었습니까?

시마 : 잡지에서 소개된 것도 있어서, 젊은 층에도 구매자가 확장되었다고 생각됩니다.

과장 : 그 외에도 뭔가 실증은 있습니까?

시마즈 : 그 외에는 인터넷 회원의 연령 앙케트의 결과를 들 수 있습니다. 20대, 30대의 회원이, 지난 달과 비교해서 1.5배 늘었습니다.

어휘 표현

- 会議 회의
- 課長 과장
- 始める 시작하다
- まず 우선
- 最近 최근
- 販売 판매
- 現場 현장
- 報告 보고
- 配る 나누어주다
- 資料 자료
- 参照 참조
- 今月 이번 달
- 売り上げ 매상
- 比べる 비교하다
- 倍 배
- アップ 증가, 업
- 購買者層 구매자 층
- 変化 변화
- 雑誌 잡지
- 紹介 소개
- 若者層 젊은 층
- 広がる 확대되다
- 実証 실증
- 会員 회원
- 年齢 연령
- 結果 결과
- あげる 들다
- 増える 증가하다

unit. 8 マーケティング会議

A もっともっと

1. <u>これから</u>ご案内のパンフレットをお配りいたします。
   → 지금부터 안내 팜플렛을 나누어 드리겠습니다.

2. 今度の出演を皮切りに<u>これから</u>どんどん映画に出ます。
   → 이번 출연을 시작으로 앞으로 계속 영화에 나갑니다.

3. <u>まず</u>、自分の考えを疑ってみてください。
   → 우선, 자신의 생각을 의심해 봐 주세요.

4. 相手のせいにしないで自分に間違いがないかを、<u>まず</u>考えてほしい。
   → 상대방의 탓으로 하지 말고, 자신에게 잘못이 없는가를 우선 생각해 주기를 바란다.

어휘 표현

- □ これから 지금부터, 앞으로
- □ 案内(あんない) 안내
- □ 配(くば)る 나누다
- □ 今度(こんど) 이번
- □ 出演(しゅつえん) 출연
- □ ～を皮切(かわき)りに ～을 시작으로
- □ どんどん 계속해서
- □ 映画(えいが) 영화
- □ 出(で)る 나오다
- □ まず 우선
- □ 考(かんが)え 생각
- □ 疑(うたが)う 의심하다
- □ 相手(あいて) 상대
- □ せい 탓
- □ 間違(まちが)い 틀림, 잘못

5. １０年前と比べても先生は少しも変わってない。
   → 10년 전과 비교해도 선생님은 조금도 변하지 않았다.

6. この前に会った時と比べて日本語が上手になりましたね。
   → 이 전에 만났을 때와 비교해서 일본어가 능숙해졌군요.

7. 先生は私のあやまりを他の人に言った。
   → 선생님은 나의 잘못을 다른 사람에게 말했다.

8. 杉本さんはまだ若いのに他の人よりしっかりしている。
   → 스기모토 씨는 아직 젊은데 다른 사람보다 행동이 바르다.

어휘 표현

- 比(くら)べる 비교하다
- 少(すこ)しも 조금도
- 変(か)わる 바뀌다, 변하다
- 日本語(にほんご) 일본어
- 上手(じょうず)だ 능숙하다
- あやまり 잘못, 실수
- 他(ほか) 다른
- 若(わか)い 젊다
- しっかり 자세나 행동이 바름

초급_第8課 マーケティング会議

マーケティング会議

unit. 8

어휘연습

일본어	읽기	의미
販売		
現場		
報告		
参照		
先月		
購買		
実証		

작문연습

1. 제가 제안드린 자료를 참조해 주세요.

2. 지난달과 비교해서 적자가 되었습니다.

3. 신문에 저의 논문이 소개된 적이 있다.

4. 전염병이 전국적으로 번졌다.

5. 올해보다 구매자가 2배 증가했습니다.

 문제풀이

일본어	읽기	의미
販売	はんばい	판매
現場	げんば	현장
報告	ほうこく	보고
参照	さんしょう	참조
先月	せんげつ	지난달
購買	こうばい	구매
実証	じっしょう	실증

1. 私がご提案した資料をご参照ください。

2. 先月と比べて赤字になりました。

3. 新聞に私の論文が紹介されたことがある。

4. 云染病が全国的に広がった。

5. 今年より購買者が２倍増えました。

展示場での製品紹介

일상회화

見学者　　　：　こちらは何のブースですか。

スタッフ　　：　韓国から輸入された健康食品の案内です。

見学者　　　：　具体的にどんな商品を紹介しているのですか。

スタッフ　　：　健康サプリメントが中心になります。

見学者　　　：　他の製品と比べて、どのような特徴があるのですか。

スタッフ　　：　私共では、韓国古来の漢方薬の材料に、西洋のハーブをミックスした製品を打ち出しています。

見学者　　　：　それは興味深いですね。

スタッフ　　：　試供品がありますので、ぜひお試しになってください。

 해 석

견학자 : 이쪽은 무슨 부스입니까?

스텝 : 한국에서 수입된 건강식품 안내입니다.

견학자 : 구체적으로 어떤 상품을 소개하고 있습니까?

스텝 : 건강보조식품이 중심입니다.

견학자 : 다른 제품과 비교해서 어떤 특징이 있습니까?

스텝 : 저희들은 한국에서 예부터 내려오는 한방약의 재료에 서양의 허브를 섞은 제품을 내세우고 있습니다.

견학자 : 그것에는 흥미가 많아지는군요.

스텝 : 견본이 있으니 꼭 시험해 주세요.

어휘 표현

- 展示場 전시장
- 製品 제품
- 紹介 소개
- 見学者 견학자
- 輸入 수입
- 健康 건강
- 食品 식품
- 案内 안내
- 具体的 구체적
- 商品 상품
- 健康サプリメント 건강보조식품
- 中心 중심
- 比べる 비교하다
- 特徴 특징
- 私共 저희들
- 古来 고래
- 漢方薬 한방약
- 材料 재료
- 西洋 서양
- ハーブ 식물 허브, 약초
- 打ち出す 내세우다
- 興味深い 흥미 깊다
- 試供品 시공품, 견품
- 試す 시도하다, 시험하다

unit. 9 展示場での製品紹介

もっともっと

1. 職場での差別がなくなったとはいいがたい。
   → 직장에서의 차별이 없어졌다고는 말하기 어렵다.

2. 初めて、会議での発表だったのでまごまごしていた。
   → 처음 회의에서의 발표였기 때문에 갈팡질팡했다.

3. 日本人の言い回しの特徴の一つは相づちをよく打つことだ。
   → 일본인의 말투의 특징의 하나는 맞장구를 잘 치는 것이다.

4. あまり仲間のいない人の特徴はいつも相手の事について悪口を言うくせがある。
   → 별로 동료가 없는 사람의 특징은 항상 상대방에 대해서 욕을 하는 버릇이 있다.

어휘 표현

- ☐ 職場(しょくば) 직장　☐ ～での ～에서의　☐ 差別(さべつ) 차별　☐ 初(はじ)めて 처음
- ☐ 동사ます형+がたい ～하기 어렵다　☐ 会議(かいぎ) 회의　☐ 発表(はっぴょう) 발표
- ☐ まごまご 갈팡질팡　☐ 言(い)い回(まわ)し 말투　☐ 特徴(とくちょう) 특징
- ☐ 相(あい)づちを打(う)つ 맞장구를 치다　☐ 仲間(なかま) 동료　☐ 相手(あいて) 상대
- ☐ 悪口(わるくち)を言(い)う 욕을 하다　☐ くせ 버릇

5. この小説を書いた人にぜひ会いたいですね。
　　→ 이 소설을 쓴 사람을 꼭 만나고 싶군요.

6. 今度はぜひ行きたいと思っております。
　　→ 이번에는 꼭 가고 싶다고 생각하고 있습니다.

7. 味を色々試してみた。
　　→ 맛을 여러 가지 시도해 봤다.

8. 製品の耐久性を試した。
　　→ 제품의 내구성을 시험했다.

어휘 표현

- 小説(しょうせつ) 소설
- ぜひ 꼭
- 今度(こんど) 이번
- 味(あじ) 맛
- 色々(いろいろ) 여러 가지
- 試す(ためす) 시험하다, 시도하다
- 製品(せいひん) 제품
- 耐久性(たいきゅうせい) 내구성

unit.9 展示場での製品紹介

어휘연습

일본어	읽기	의미
展示場		
健康		
食品		
具体的		
材料		
西洋		
興味		

작문연습

1. 일본에서 수입된 기계를 소개하겠습니다.

2. 구체적인 예를 들어주세요.

3. 이 카메라는 어떠한 특징이 있습니까?

4. 자사의 강점을 내세워 가기 위해서 노력하고 있다.

5. 그가 쓴 소설은 흥미 깊다.

 문제풀이

일본어	읽기	의미
展示場	てんじじょう	전시장
健康	けんこう	건강
食品	しょくひん	식품
具体的	ぐたいてき	구체적
材料	ざいりょう	재료
西洋	せいよう	서양
興味	きょうみ	흥미

1. 日本(にほん)で輸入(ゆにゅう)された機械(きかい)を紹介(しょうかい)します。

2. 具体的(ぐたいてき)な例(れい)をあげてください。

3. このカメラはどんな特徴(とくちょう)がありますか。

4. 自社(じしゃ)の強(つよ)みを打(う)ち出(だ)して行(い)くために努力(どりょく)している。

5. 彼(かれ)が書(か)いた小説(しょうせつ)は興味深(きょうみぶか)い。

unit.

A 일상회화

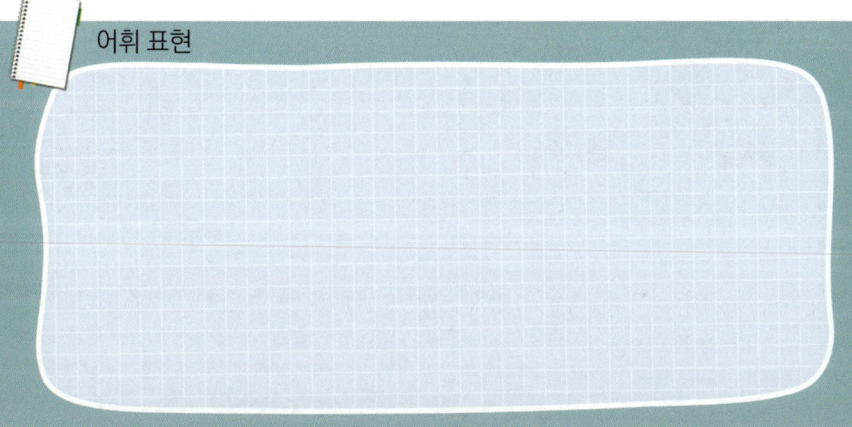
어휘 표현

unit. 10 日程協議

A もっともっと

1. うちのテレビは１０年使っているから古いです。そろそろ新しいのがほしいです。
    → 우리 텔레비전은 １０년 사용했기에 오래되었습니다. 슬슬 새 것을 갖고 싶습니다.

2. もう９時ですね。そろそろ帰りましょうか。
    → 벌써 9시이군요. 슬슬 돌아갈까요?

3. 明日の試合は勝たないといけない。
    → 내일 시합은 이기지 않으면 안 된다.

4. 約束は守らないといけない。
    → 약속은 지키지 않으면 안 된다.

어휘 표현

- □ 使(つか)う 사용하다
- □ 古(ふる)い 오래되다
- □ そろそろ 슬슬, 머지않아
- □ 新(あたら)しい 새롭다
- □ 帰(かえ)る 돌아가다
- □ 試合(しあい) 시합
- □ 勝(か)つ 이기다
- □ 約束(やくそく) 약속
- □ 守(まも)る 지키다

5. 気軽に行ける日帰り旅行が好きです。
　　→ 부담없이 갈 수 있는 당일치기 여행을 좋아합니다.

6. 人気の日帰り旅行特集のページです。
　　→ 인기가 있는 당일치기 여행특집의 페이지입니다.

7. たとえあなたが無理だと言っても私はやってみます。
　　→ 비록 당신이 무리라고 해도 나는 해 보겠습니다.

8. 危ないですから一人で行ってみます。
　　→ 위험하니 혼자서 가 보겠습니다.

어휘 표현

- 気軽（きがる）だ 부담없다
- 日帰（ひがえ）り 당일치기
- 旅行（りょこう）여행
- 好（す）きだ 좋아하다
- 人気（にんき）인기
- 特集（とくしゅう）특집
- たとえ 비록
- 無理（むり）무리
- 危（あぶ）ない 위험하다

unit. 10 日程協議

어휘연습

일본어	읽기	의미
協議		
出張		
決定		
先方		
確認		
頼む		
決める		

작문연습

1. 스기모토 씨도 회의에 참가할 것 같습니까?

2. 빨리 가지 않으면 늦어버립니다.

3. 그럼, 1박 2일 여행은 어떻습니까?

4. 상대방의 반응도 생각해야만 합니다.

5. 저쪽에서 먼저 가 보겠습니다.

 문제풀이

일본어	읽기	의미
協議	きょうぎ	협의
出張	しゅっちょう	출장
決定	けってい	결정
先方	せんぽう	상대방
確認	かくにん	확인
頼む	たのむ	부탁하다
決める	きめる	정하다

1. 杉本さんも会議に参加しそうですか。

2. 早く行かないと遅れてしまします。

3. それでは、１泊２日旅行はどうですか。

4. 先方の反応も考えなければなりません。

5. 私から先に行ってみます。

島津 ： 日本は初めてですか。

金 ： 実はそうです。

島津 ： 何日までご滞在ですか。

金 ： 明後日までです。

島津 ： 明日のスケジュールはどうなっていますか。

金 ： 明日は午前中に他社とアポがありますが、午後は少しでも観光がしたくて空けてあります。

島津 ： それでしたら、明日の午後、私が観光案内をしますよ。

金 ： 本当ですか。ありがとうございます。

 해 석

시마즈 : 일본은 처음입니까?

김 : 실은 그렇습니다.

시마즈 : 며칠까지 머무십니까?

김 : 모레까지입니다.

시마즈 : 내일 스케줄은 어떻습니까?

김 : 내일은 오전 중에 타사와 약속이 있습니다만, 오후는 조금이라도 관광을 하고 싶어서 비워 두었습니다.

시마즈 : 그렇다면 내일 오후, 제가 관광안내를 하겠습니다.

김 : 정말입니까? 감사합니다.

어휘 표현

- 観光 관광
- 案内 안내
- 初めて 처음
- 実は 실은
- 滞在 체재, 체류
- 明後日 모레
- 午前中 오전 중
- 他社 타사
- アポ 약속
- 午後 오후
- 空ける 비우다

unit. 11 観光案内

A もっともっと

1. こういうのは初めてのこととて、ちょっと戸惑いました。
   → 이러한 것은 처음이어서, 좀 당황했습니다.

2. このドイツ留学のおかげで私は生まれて初めて海外へ行くことになりました。
   → 이번 독일 유학의 덕분으로 나는 태어나서 처음으로 해외에 가게 되었습니다.

3. 実はその犯行は研究の成果を妬んだライバル会社がやったことだ。
   → 실은 그 범행은 연구의 성과를 시샘한 라이벌 회사가 한 일이다.

4. 実は全然やりたくなかった。
   → 실은 전혀 하고 싶지 않았다.

어휘 표현

- □ 初めて 처음
- □ ~こととて ~이므로, ~까닭에
- □ 戸惑う 당황하다
- □ 留学 유학
- □ 生まれる 태어나다
- □ 海外 해외
- □ 実は 실은
- □ 犯行 범행
- □ 研究 연구
- □ 成果 성과
- □ 妬む 시샘하다
- □ 会社 회사
- □ 全然 전혀

5. 滞在許可を取得する必要があります。
   → 체류허가를 취득할 필요가 있습니다.

6. 長期滞在に最適なホテルです。
   → 장기체류에 최적인 호텔입니다.

7. 営業で電話やメールを使ってアポを取る際のポイントを詳しく解説します。
   → 영업에서 전화랑 메일을 사용해서 약속을 잡을 때의 포인트를 상세하게 설명하겠습니다.

8. 取引先の担当者にアポを取るためにメールを送った。
   → 거래처의 담당자에게 약속을 잡기 위해 메일을 보냈다.

어휘 표현

- 滞在(たいざい) 체재, 체류
- 許可(きょか) 허가
- 取得(しゅとく) 취득
- 必要(ひつよう) 필요
- 長期(ちょうき) 장기
- 最適(さいてき) 최적
- 営業(えいぎょう) 영업
- 電話(でんわ) 전화
- 使う(つかう) 사용하다
- アポを取る(と) 약속을 잡다
- 際(さい) 때
- 詳しい(くわしい) 상세하다
- 解説(かいせつ) 설명
- 取引先(とりひきさき) 거래처
- 担当者(たんとうしゃ) 담당자
- 送る(おくる) 보내다

unit.11 観光案内

어휘연습

일본어	읽기	의미
観光		
滞在		
午前中		
犯行		
許可		
取得		
最適		

작문연습

1. 그녀와 처음 데이트를 했다.

2. 실은 친구의 이야기를 믿지 않았다.

3. 조금이라도 그의 이야기를 들으려고 했다.

4. 내일은 모든 스케줄을 비워 두었다.

5. 그렇다면, 제가 모든 책임을 지겠습니다.

 문제풀이

일본어	읽기	의미
観光	かんこう	관광
滞在	たいざい	체재, 체류
午前中	ごぜんちゅう	오전 중
犯行	はんこう	범행
許可	きょか	허가
取得	しゅとく	취득
最適	さいてき	최적

1. 彼女と初めてデートをした。

2. 実は友だちの話を信じなかった。

3. 少しでも彼の話を聞こうとした。

4. 明日は全てのスケジュールを空けておいた。

5. それでしたら、私が全ての責任を取ります。

unit. 12 ショッピング案内

일상회화

島津 ： 何か日本で購入すべきものはありますか。

金 ： 韓国の会社にお土産を買いたいんだけど、何かおすすめはありますか。

島津 ： そうですね。この近くにもおすすめの店があるので、今からご案内します。

金 ： ありがとうございます。

島津 ： この近所の大型電気店に、日本各地のお土産を集めた売り場があります。

金 ： そんな便利なところがあるんだ。

島津 ： そうです。とりあえず行ってみますか。

金 ： ＯＫです。

시마즈 : 뭔가 일본에서 구입해야만 하는 물건은 있습니까?

김　　 : 한국의 회사에 줄 선물을 사고 싶은데, 뭔가 추천할 것은 있겠습니까?

시마즈 : 글쎄요. 이 근처에도 추천할 만한 가게가 있으니 지금 안내하겠습니다.

김　　 : 감사합니다.

시마즈 : 이 근처의 대형전기점에, 일본 각지의 선물을 모은 매장이 있습니다.

김　　 : 그렇게 편리한 곳이 있군요.

시마즈 : 그렇습니다. 우선 가 볼까요?

김　　 : 좋습니다.

어휘 표현

□ 案内 안내　□ 購入 구입　□ ～べき ～해야 함　□ お土産 선물
□ おすすめ 추천　□ 近く 근처　□ 近所 근처　□ 大型 대형
□ 電気店 전기점　□ 各地 각지　□ 集める 모으다　□ 売り場 매장　□ 便利 편리
□ とりあえず 우선

unit. 12 ショッピング案内

A もっともっと

1. 人の目は気にしないで、自分なりの目標を持って生きていくべきだ。
   → 다른 사람의 시선을 신경 쓰지 말고, 자기 나름대로의 목표를 가지고 살아야만 한다.

2. 人生で何が一番大事なことかを知った上で行動するべきだ。
   → 인생에서 무엇이 가장 중요한가를 알고 나서 행동해야만 한다.

3. 短期集中的にたっぷりと稼ぎたい方にはおすすめのお仕事です。
   → 단기간에 집중적으로 (돈을) 많이 벌고 싶은 분에게는 권유할 만한 일입니다.

4. 日本をおとずれるなら、９月から１０月にかけての時期をおすすめします。
   → 일본을 방문한다면, 9월부터 10월에 걸친 시기를 권합니다.

어휘 표현

- 目 눈, 시선
- 気にする 신경 쓰다
- ～なり ～나름대로
- 目標 목표
- 持つ 들다, 가지다
- 生きる 살다
- ～べきだ ～해야만 하다
- 人生 인생
- 一番 가장
- 大事だ 중요하다
- ～上で ～하고 나서
- 行動 행동
- 短期 단기
- 集中的 집중적
- たっぷり 듬뿍, 많이
- 稼ぐ 돈을 벌다
- 方 분
- おすすめ 추천, 권유
- 仕事 일
- おとずれる 방문하다
- ～にかけて ～에 걸쳐
- 時期 시기

5. 近所の子供がうるさくて困っている。
   → 이웃의 아이가 시끄러워서 난처해하고 있다.

6. 近所とのトラブルに悩んでいる。
   → 이웃과의 트러블로 고민하고 있다.

7. とりあえず、それを要求する理由を子供から聞くようにする。
   → 우선 그것을 요구하는 이유를 아이로부터 듣도록 한다.

8. 急ぎの報告をとりあえず行った。
   → 급한 보고를 우선 했다.

어휘 표현

- □ 近所 이웃
- □ 困る 곤란하다
- □ 悩む 고민하다
- □ とりあえず 우선
- □ 要求 요구
- □ 理由 이유
- □ 急ぎの～ 급한～
- □ 報告 보고
- □ 行う 행하다

unit.12 ショッピング案内

어휘연습

일본어	읽기	의미
近所		
大型		
各地		
集める		
人生		
悩む		
報告		

작문연습

1. 공부는 혼자서 해야만 한다.

2. 오늘의 추천요리는 무엇입니까?

3. 장난감 매장은 몇 층입니까?

4. 교통이 편리한 곳에서 살고 싶다.

5. 우선 스기모토 씨의 의견부터 듣겠습니다.

 문제풀이

일본어	읽기	의미
近所	きんじょ	이웃, 근처
大型	おおがた	대형
各地	かくち	각지
集める	あつめる	모으다
人生	じんせい	인생
悩む	なやむ	고민하다
報告	ほうこく	보고

1. 勉強は一人でするべきだ。

2. 今日のおすすめの料理は何ですか。

3. おもちゃ売り場は何階ですか。

4. 交通の便利なところに住みたい。

5. とりあえず、杉本さんの意見から聞きます。

unit. 13 酒の接待

A 일상회화

社員 ： ビールをどうぞ。（ビールをお酌する）

客 ： ありがとうございます。

社員 ： さあ、乾杯しましょう。乾杯。

客 ： 乾杯。（ビールを飲む）

社員 ： 仕事のあとの一杯は最高ですね。

客 ： 本当ですね。今日は暑かったから、格別においしいです。

社員 ： 一息ついたところで、今後のビジネス展開について少しお話ししませんか。

客 ： そうですね。

사원　: 맥주 한잔 하세요. (맥주를 따른다)

손님　: 감사합니다.

사원　: 자, 건배합시다. 건배.

손님　: 건배. (맥주를 마신다)

사원　: 일을 마친 후의 한잔은 최고이군요.

손님　: 정말이군요. 오늘은 더웠으니 더더욱 맛있습니다.

사원　: 한숨 돌리고 나서 앞으로의 비즈니스 전개에 대해서 조금 이야기하지 않겠습니까?

손님　: 맞아요.

어휘 표현

- ☐ 酒 술
- ☐ 接待 접대
- ☐ お酌する 술을 따르다
- ☐ 乾杯 건배
- ☐ 仕事 일
- ☐ 一杯 한잔
- ☐ 最高 최고
- ☐ 暑い 덥다
- ☐ 格別 각별
- ☐ 一息つく 한숨 돌리다
- ☐ 今後 앞으로
- ☐ 展開 전개

unit.

A
もっともっと

어휘 표현

어휘 표현

unit. 13 酒の接待

어휘연습

일본어	읽기	의미
接待		
乾杯		
最高		
今後		
展開		
光景		
都会		

작문연습

1. 우리들의 장래를 위해서 건배합시다.

2. 수업을 마친 후에 도서관에 갔다.

3. 스기모토 교수님의 강의는 최고였다.

4. 오늘의 식사는 평소와 다르게 특별하군요.

5. 앞으로의 계획에 대해서 여러분의 의견을 듣고 싶습니다.

 문제풀이

일본어	읽기	의미
接待	せったい	접대
乾杯	かんぱい	건배
最高	さいこう	최고
今後	こんご	앞으로
展開	てんかい	전개
光景	こうけい	광경
都会	とかい	도시

1. 私たちの将来のために乾杯しましょう。

2. 授業の後に図書館に行った。

3. 杉本教授の講義は最高だった。

4. 今日の食事はいつもと違って格別ですね。

5. 今後の計画についてみなさんの意見を聞きたいです。

食事の接待

unit. 14

A 일상회화

島津 ： お座りください。注文はどうされますか。Aコースがおいしいですよ。

金 ： ではAコースでお願いします。

島津 ： (ウエイターに) Aコース2つでお願いします。

金 ： さて、本題に入りましょうか。

島津 ： そうですね。

金 ： 御社の評判は日ごろからよく伺っています。

島津 ： 最近の業績が伸びているのは事実です。

金 ： もうすぐ御社との代理店契約期間が切れますが、あと2年延長いただけませんでしょうか。

島津 ： 御社のご要望は理解しましたので、社に持ち帰って、検討させていただきます。なるべくご希望に添えるように、善処させていただきます。

해 석

시마즈 : 앉으세요. 주문을 어떻게 하시겠습니까? A코스가 맛있습니다.

김 : 그럼 A코스로 부탁합니다.

시마즈 : (웨이터에게) A코스 2개로 부탁합니다.

김 : 자, 본 주제로 들어갈까요?

시마즈 : 그럽시다.

김 : 귀사의 평판은 평소부터 자주 듣고 있습니다.

시마즈 : 최근의 업적이 느는 것은 사실입니다.

김 : 이제 곧 귀사와의 대리점계약기간이 끝납니다만, 앞으로 2년 연장해 주실 수 없겠습니까?

시마즈 : 귀사의 요망은 이해했기 때문에, 회사로 (그 내용을) 들고 돌아가서 검토하겠습니다. 가능한 한 희망에 따르도록 선처하겠습니다.

어휘 표현

- 食事 식사
- 接待 접대
- 座る 앉다
- 注文 주문
- さて 그런데
- 本題 본 주제
- 御社 귀사
- 評判 평판
- 日ごろ 평소
- 伺う 「聞く-듣다/訪ねる-방문하다」의 겸양어
- 最近 최근
- 業績 업적
- 伸びる 늘다
- 事実 사실
- 代理店 대리점
- 契約 계약
- 期間 기간
- 切れる 끊이다
- 延長 연장
- 要望 요망
- 理解 이해
- 持ち帰る 들고 돌아가다
- 検討 검토
- 동사사역형+〜ていただく 겸양표현 (〜하겠다)
- なるべく 가능한 한
- 希望 희망
- 添える 첨부하다, 따르다
- 善処 선처

食事の接待

unit. 14

もっともっと

1. いつもお世話になっております。さて、先日ご依頼いただきました件ですが。
   → 항상 신세를 지고 있습니다. 그런데 전날 의뢰해 주신 건입니다만.

2. さて、本題に戻りたいと思います。
   → 그런데, 본 주제로 돌아가고 싶다고 생각합니다.

3. 日ごろより大変お世話になっています。
   → 평소부터 매우 신세를 지고 있습니다.

4. 日ごろより格別のご協力をいただき、ありがとうございます。
   → 평소부터 각별한 협력을 받아 감사합니다.

어휘 표현

- お世話になる 신세를 지다
- さて 그런데
- 先日 전날
- 依頼 의뢰
- 件 건
- 本題 본 주제
- 戻る 되돌아가다
- 日ごろ 평소
- 大変 매우
- 格別 각별, 특별
- 協力 협력

5. 一生懸命勉強したおかげで、成績がだいぶ伸びた。
　　→ 열심히 공부한 덕분으로 성적이 상당히 늘었다.

6. 去年より成長率が２倍伸びた。
　　→ 작년보다 성장률이 2배 늘었다.

7. 開会にあたって一言ごあいさつをさせていただきます。
　　→ 개회에 임해서 한마디 인사를 드리겠습니다.

8. これで会議をお開きさせていただきます。
　　→ 이것으로 회의를 마치겠습니다.

어휘 표현

- ☐ 一生懸命 열심히　☐ 勉強 공부　☐ 成績 성적　☐ だいぶ 꽤, 상당히
- ☐ 伸びる 늘다　☐ 去年 작년　☐ 成長率 성장률　☐ 倍 배　☐ 開会 개회
- ☐ 〜にあたって 〜에 임해서　☐ 一言 한마디　☐ あいさつ 인사
- ☐ 동사사역형+いただく 〜하겠다(겸양표현)　☐ 会議 회의　☐ 開く 열다, 마치다

초급_第14課 食事の接待

unit. 14 食事の接待

어휘연습

일본어	읽기	의미
食事		
評判		
最近		
業績		
事実		
契約		
延長		

작문연습

1. 스기모토 씨의 회사내에서의 평판은 상당히 좋습니다.

2. 평소부터 이노우에 교수님을 존경해 왔습니다.

3. 성적이 늘지 않아서 고민하고 있습니다.

4. 사실을 확인하고 나서 행동하자.

5. 이제 곧 겨울입니다.

 문제풀이

일본어	읽기	의미
食事	しょくじ	식사
評判	ひょうばん	평판
最近	さいきん	최근
業績	ぎょうせき	업적
事実	じじつ	사실
契約	けいやく	계약
延長	えんちょう	연장

1. 杉本(すぎもと)さんの社内(しゃない)での評判(ひょうばん)はなかなかいいです。

2. 日(ひ)ごろから井上教授(いのうえきょうじゅ)を尊敬(そんけい)してまいりました。

3. 成績(せいせき)が伸(の)びなくて悩(なや)んでいます。

4. 事実(じじつ)を確認(かくにん)した上(うえ)で行動(こうどう)しよう。

5. もうすぐ冬(ふゆ)です。

見送り

金　　：　本日はどうもありがとうございました。

島津　：　こちらこそ、わざわざ来社いただきありがとうございました。

金　　：　とてもよい話し合いができて嬉しいです。今日ご提案させていただいた件のお返事を、お待ちしております。

島津　：　かしこまりました。検討次第、すぐにお返事申し上げます。

金　　：　ありがとうございます。それから今回は課長に挨拶できませんでしたが、よろしくお伝えください。

島津　：　承知しました。

 해 석

김　　　: 오늘은 대단히 감사했습니다.

시마즈　: 이쪽이야 말로. 일부러 내사해 주셔서 감사했습니다.

김　　　: 정말 좋은 대화를 할 수 있어서 기쁩니다. 오늘 제안한 건의 답변을 기다리고 있겠습니다.

시마즈　: 알겠습니다. 검토하는 대로 바로 답변의 말씀을 드리겠습니다.

김　　　: 감사합니다. 그리고 이번에는 과장님께 인사를 못했습니다만, 안부 전해주세요.

시마즈　: 알겠습니다.

어휘 표현

- 見送り 배웅
- 本日 오늘
- わざわざ 일부러
- 来社 내사
- 話し合い 대화
- 嬉しい 기쁘다
- 提案 제안
- 件 건
- 返事 답변
- 検討 검토
- ～次第 ～하는 대로
- 今回 이번
- 課長 과장
- 挨拶 인사
- 伝える 전하다
- 承知する 「分かる-알다」의 겸양어

unit. 15 見送り

A もっともっと

1. ぐずぐずしないで早く返事をしてください。
   → 우물쭈물하지 말고 빨리 대답을 해주세요.

2. 会社のものと相談した上で、返事します。
   → 회사 사람과 상담하고 나서 답변하겠습니다.

3. 担当者が戻り次第、至急お電話させます。
   → 담당자가 되돌아오는 대로 즉시 전화를 시키겠습니다.

4. 雨がやみ次第、家に向かって出発しよう。
   → 비가 그치는 대로, 집으로 향해서 출발하자.

어휘 표현

- ぐずぐず 우물쭈물　□ 早く 빨리　□ 返事 답변　□ 会社 회사　□ 相談 상담
- 동사과거형+上で ~하고 나서　□ 担当者 담당자　□ 戻る 되돌아오다
- 동사ます형+次第 ~하는 대로　□ 至急 즉시　□ 電話 전화
- 雨がやむ 비가 그치다　□ 家 집　□ 向かう 향하다　□ 出発 출발

5. 昨日友達に会った。それから、映画を見に行った。
　　→ 어제 친구를 만났다. 그리고 나서 영화를 보러 갔다.

6. 昨日は朝7時に起きました。それから、すぐ寝ました。
　　→ 어제는 7시에 일어났습니다. 그리고 나서 바로 잤습니다.

7. 明日の会議時間の変更の件、承知しました。
　　→ 내일의 회의시간의 변경의 건, 알겠습니다.

8. 来週水曜日までの発注書送信の件、確かに承知しました。
　　→ 다음주 수요일까지의 발주서 송신의 건, 확실히 이해했습니다.

어휘 표현

- 昨日(きのう) 어제
- 友達(ともだち) 친구
- 会う(あう) 만나다
- それから 그리고 나서
- 映画(えいが) 영화
- 朝(あさ) 아침
- 起きる(おきる) 일어나다
- 明日(あした) 내일
- 会議(かいぎ) 회의
- 変更(へんこう) 변경
- 件(けん) 건
- 承知する(しょうちする) 「分かる-알다」의 겸양어
- 来週(らいしゅう) 다음주
- 水曜日(すいようび) 수요일
- 発注書(はっちゅうしょ) 발주서
- 送信(そうしん) 송신
- 確かに(たしかに) 확실히

unit. 15 見送り

어휘연습

일본어	읽기	의미
提案		
挨拶		
至急		
変更		
発注書		
送信		
確かに		

작문연습

1. 아들이 시험에 합격해서 기쁩니다.

2. 거래처의 제안을 검토했다.

3. 도착하는 대로 전화하겠습니다.

4. 이번에는 혼자서 오사카에 출장갔다.

5. 설계변경의 상세한 건, 이해했습니다.

 문제풀이

일본어	읽기	의미
提案	ていあん	제안
挨拶	あいさつ	인사
至急	しきゅう	즉시, 바로
変更	へんこう	변경
発注書	はっちゅうしょ	발주서
送信	そうしん	송신
確かに	たしかに	확실히

1. 息子が試験に受かって嬉しいです。

2. 取引先の提案を検討した。

3. 着き次第、お電話します。

4. 今回は一人で大阪へ出張に行った。

5. 設計変更の詳細の件、承知しました。

어휘 표현

unit. 1 ビジネス文章作成 (1) 挨拶状

もっともっと

1. ちゃんとした目標さえあれば別に努力しなくてもいい。
    → 제대로 된 목표만 있으면 딱히 노력하지 않아도 된다.

2. 他の交通手段を使えばいいから別に問題ない。
    → 다른 교통수단을 사용하면 되니 딱히 문제없다.

3. 気を使ったつもりで言ったさりげない一言で、相手を怒らせてしまった。
    → 신경을 쓸 생각으로 말한 아무렇지도 않은 한마디로 상대를 화를 나게 만들었다.

4. 母はさりげなくお金を渡してくれた。
    → 어머니는 태연하게 돈을 건네 주었다.

어휘 표현

- ☐ ちゃんとした 제대로 된   ☐ 目標(もくひょう) 목표   ☐ ～さえ…あれば ～만…면
- ☐ 別(べつ)に 딱히, 특별히   ☐ 努力(どりょく) 노력   ☐ 他(ほか) 다른   ☐ 交通(こうつう) 교통   ☐ 手段(しゅだん) 수단
- ☐ 使(つか)う 사용하다   ☐ 気(き)を使(つか)う 신경을 쓰다   ☐ 一言(ひとこと) 한마디   ☐ 相手(あいて) 상대
- ☐ 怒(おこ)る 화를 내다   ☐ 金(かね) 돈   ☐ 渡(わた)す 건네다

5. このドレスは確かにあなたの容姿を引き立てるでしょう。
   → 이 드레스는 확실히 당신의 용모를 북돋울 것입니다.

6. 確かに秘書に金を渡した。
   → 확실히 비서에게 돈을 건넸다.

7. いまさら言うまでもなく、学生にとってもっとも大切なのは勉学だ。
   → 이제야 와서 말할 필요도 없이, 학생에게 있어서 가장 중요한 것은 면학이다.

8. 進学問題は親の希望もさることながら、本人の気持ちがまず大切ではないでしょうか。
   → 진학문제는 부모의 희망은 물론이고 본인의 마음이 우선 중요하지 않을까요?

어휘 표현

- □ 確かに 확실히 □ 容姿 용모 □ 引き立てる 북돋우다 □ 秘書 비서
- □ いまさら 이제야 와서 □ ~までもない ~할 필요가 없다 □ 学生 학생
- □ ~にとって ~에 있어서 □ もっとも 가장 □ 大切だ 중요하다 □ 勉学 면학
- □ 進学 진학 □ 親 부모 □ 希望 희망 □ ~もさることながら ~은 물론
- □ 本人 본인 □ 気持ち 마음 □ まず 우선

ジネス文章作成 (1) 挨拶状

unit. 1

어휘연습

일본어	읽기	의미
文章		
昇進		
営業		
方法		
文頭		
文尾		
書式		

작문연습

1. 사장님의 부탁이니 하지 않으면 안 된다.

2. 딱히 큰 부상은 아니다.

3. 격식을 갖춘 편지를 쓰는 것은 상당히 어렵다.

4. 비즈니스 편지의 경우, 인사문이 중요하다.

5. 나에게 있어서 중요한 것은 부모의 건강이다.

 문제풀이

일본어	읽기	의미
文章	ぶんしょう	문장
昇進	しょうしん	승진
営業	えいぎょう	영업
方法	ほうほう	방법
文頭	ぶんとう	문두, 서두
文尾	ぶんび	문미, 문장의 끝부분
書式	しょしき	서식

1. 社長の頼みだからやらないといけない。

2. 別に大した怪我ではない。

3. 改まった手紙を書くのはなかなか難しい。

4. ビジネス手紙の場合、挨拶文が大切だ。

5. 私にとって大切なのは親の健康だ。

ビジネス文章作成 (2)
イベントのご案内

일상회화

課長	:	昨日の会議で決まった来月のイベントだけど、君が案内状を作成してくれないかな。
社員	:	了解しました。いつまでに作成すれば良いですか。
課長	:	案内状は出すタイミングが大切なんだよね。早すぎても遅すぎてもダメだ。
社員	:	そうなんですか。
課長	:	早すぎたら、相手は忘れる。遅すぎたら、相手のスケジュールが埋まる。
社員	:	本当ですね。
課長	:	１０日前までに先方に到着するように準備しよう。１０日あれば、出欠確認と呼び込みができるだろう。
社員	:	了解です。案内状作成で特に気を付けることはありますか。
課長	:	案内状は、最初の挨拶文が、いかに魅力的かつ簡潔かがポイントになる。よく考えて作成しなさい。

해석

과장 : 어제의 회의에서 정해진 다음달의 이벤트인데, 자네가 안내장을 작성해 주지 않을래?

사원 : 알겠습니다. 언제까지 작성하면 됩니까?

과장 : 안내장은 부치는 타이밍이 중요해. 너무 빨라도 너무 늦어도 안 돼.

사원 : 그렇습니까?

과장 : 너무 빠르면 상대방은 잊어. 너무 늦으면 상대의 스케줄이 막히고.

사원 : 정말이군요.

과장 : 10일 전까지 상대방에게 도착하도록 준비하지. 10일이면 출결확인과 유객을 할 수 있을 거야.

사원 : 알겠습니다. 안내장 작성에서 특별히 주의할 것은 있습니까?

과장 : 안내장은 처음의 인사문이, 얼마나 매력적이고 간결한 것인가가 포인트가 돼. 잘 생각해서 작성해.

어휘 표현

- 昨日 어제
- 会議 회의
- 決まる 정해지다
- 来月 다음달
- 案内状 안내장
- 作成 작성
- 了解する 알다, 이해하다
- 大切 중요하다
- 遅い 늦다
- 相手 상대
- 忘れる 잊다
- 埋まる 꽉 차다
- 先方 상대방
- 到着 도착
- 準備 준비
- 出欠 출결
- 確認 확인
- 呼び込み 모객, 유객
- 特に 특별히
- 気を付ける 주의하다
- 最初 처음
- 挨拶文 인사문
- いかに 얼마나
- 魅力的 매력적
- かつ 그리고
- 簡潔 간결

중급_第2課 ビジネス文章作成(2)イベントのご案内

unit. 2 ビジネス文章作成 (2) イベントのご案内

A もっともっと

1. 3時までですね。了解しました。
   → 3시까지 이군요. 알겠습니다.

2. 了解しました。先方にその内容を伝えておきます。
   → 알겠습니다. 상대방에게 그 내용을 전해 두겠습니다.

3. 来週までに返してください。
   → 다음주까지 돌려주세요.

4. 特別な事以外は、１１時までに家へ帰らなければならない。
   → 특별한 일 이외는, １１시까지 집에 돌아가야만 한다.

어휘 표현

- 了解する 알다, 이해하다
- 先方 상대방
- 内容 내용
- 伝える 전하다
- 来週 다음주
- 返す 돌려주다
- 特別 특별
- 以外 이외

5. 特に、本人のいないところで言う「陰口」は絶対にやめた方がよいでしょう。
   → 특히 본인이 없는 곳에서 하는 「험담」은 절대 그만 두는 편이 좋겠죠.

6. 特にそのプログラムは顧客満足度向上に貢献した。
   → 특히 그 프로그램은 고객만족도 향상에 공헌했다.

7. 彼がいかに悲しんでいたか、あなたは知っていますか。
   → 그가 얼마나 슬퍼했는지, 당신은 알고 있습니까?

8. いかに貧しくとも、他人の物を盗んではいけない。
   → 아무리 가난해도 타인의 물건을 훔쳐서는 안 된다.

어휘 표현

- 特に 특히
- 本人 본인
- 陰口 험담
- 絶対 절대
- やめる 그만두다
- 顧客 고객
- 満足度 만족도
- 向上 향상
- 貢献 공헌
- いかに 얼마나, 아무리
- 悲しむ 슬퍼하다
- 貧しい 가난하다
- 他人 타인
- 物 물건
- 盗む 훔치다

unit.2 ビジネス文章作成(2) イベントのご案内

어휘연습

일본어	읽기	의미
到着		
準備		
出欠		
確認		
最初		
魅力		
簡潔		

작문연습

1. 수요일까지 제출하는 것은 너무 늦다.

2. 리포트를 잊고 학교에 왔다.

3. 그가 알 수 있도록 메일을 보내 주세요.

4. 특히 이 문제에 대해서는 저는 뭐라고 말할 수 없습니다.

5. 그녀와 헤어지고, 얼마나 그녀가 소중한 사람인지 깨달았다.

 문제풀이

일본어	읽기	의미
到着	とうちゃく	도착
準備	じゅんび	준비
出欠	しゅっけつ	출결
確認	かくにん	확인
最初	さいしょ	최초
魅力	みりょく	매력
簡潔	かんけつ	간결

1. 水曜日まで提出するのは遅すぎる。

2. レポートを忘れて学校へ来た。

3. 彼が分かるようにメールを送ってください。

4. 特にこの問題については私は何とも言えません。

5. 彼女と別れて、いかに彼女が大切な人かと気づいた。

unit.3 ビジネス文章作成(3) 感謝状

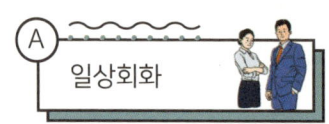
일상회화

課長 ： 先日のイベントは大成功だったね。

社員 ： 本当ですね。たくさんの方が来てくださいました。

課長 ： そこで、参加者の方々に、御礼状を書いてくれないかな。

社員 ： 了解です。

課長 ： 営業において、感謝状はとても大切だよ。

社員 ： 確かに感謝状が送られてくると、嬉しいです。

課長 ： 営業は小さな努力の積み重ねだ。

社員 ： 感謝状の書き方のポイントはありますか。

課長 ： 感謝の意を表す文章と共に、今後の予定や展望もさりげなく書いておくと、相手は嬉しいだけでなく、今後のビジネス展開につながる。頑張って作ってみてください。

해석

과장 : 전날 이벤트는 대성공이었어.

사원 : 정말이에요. 많은 분이 와 주셨습니다.

과장 : 그래서 참가자분들께 사례편지를 써 주지 않을래?

사원 : 알겠습니다.

과장 : 영업에서 감사장은 매우 중요해.

사원 : 확실히 감사장이 보내 오면 기쁩니다.

과장 : 영업은 작은 노력의 축적이야.

사원 : 감사장을 쓰는 방법의 포인트는 있습니까?

과장 : 감사의 뜻을 표현하는 문장과 함께, 앞으로의 예정이랑 전망도 티가 나지 않게 써 두면, 상대방은 기쁠뿐만 아니라 앞으로의 비즈니스 전개에 연결돼. 열심히 만들어 봐.

어휘 표현

- 感謝状 감사장
- 先日 전날
- 大成功 대성공
- 参加者 참가자
- 方々 분들
- 御礼状 사례 편지
- 了解する 알다, 이해하다
- 営業 영업
- 確かに 확실히
- 嬉しい 기쁘다
- 努力 노력
- 積み重ね 축적
- 意 뜻
- 表す 표현하다
- 文章 문장
- ～と共に ～과 함께
- 今後 앞으로
- 予定 예정
- 展望 전망
- さりげない 티를 내지 않다, 아무렇지도 않다
- 相手 상대
- 展開 전개
- つながる 연결되다
- 作る 만들다

unit.3 ビジネス文章作成(3) 感謝状

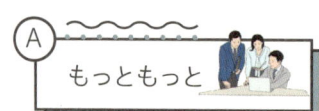
もっともっと

1. こんなにたくさんの人が出迎えてくださってありがとうざいました。
   → 이렇게 많은 사람께서 맞이해 주셔서 고맙습니다.

2. 貧富による差別などたくさんの差別がありました。
   → 빈부에 의한 차별 등, 많은 차별이 있었습니다.

3. 風邪をひいた。そこで、薬を飲んだ。
   → 감기 걸렸다, 그래서 약을 먹었다.

4. 大会が近い。そこで、毎日練習している。
   → 대회가 가깝다. 그래서 매일 연습하고 있다.

어휘 표현

- □ たくさんの〜 많은〜
- □ 出迎える 마중하다, 환영하다
- □ 貧富 빈부
- □ 〜による 〜에 의한
- □ 差別 차별
- □ 風邪をひく 감기 들다
- □ そこで 그래서
- □ 薬を飲む 약을 먹다
- □ 大会 대회
- □ 近い 가깝다
- □ 毎日 매일
- □ 練習 연습

5. 海外において日本食を扱うレストランが増えてきている。
   → 해외에서 일본식을 취급하는 레스토랑이 증가해 오고 있다.

6. テレビ業界において、今一番のライバルはYouTubeだろう。
   → 텔레비전 업계에서, 지금 가장 라이벌은 YouTube일 것이다.

7. この国では長男が両親とともに暮らすのが普通だそうだ。
   → 이 나라에서는 장남이 부모님과 함께 생활하는 것이 보통이라고 한다.

8. 大学の仲間たちとともに、会社を作ろうと思っています。
   → 대학의 동료들과 함께 회사를 만들려고 생각하고 있습니다.

어휘 표현

- 扱(あつか)う 취급하다, 다루다
- 増(ふ)える 늘어나다
- 業界(ぎょうかい) 업계
- 今(いま) 지금
- 一番(いちばん) 가장
- 国(くに) 나라
- 長男(ちょうなん) 장남
- 両親(りょうしん) 부모님
- ～とともに ～와 함께
- 暮(く)らす 생활하다
- 普通(ふつう) 보통
- 大学(だいがく) 대학
- 仲間(なかま) 동료
- 会社(かいしゃ) 회사
- 作(つく)る 만들다

중급_제3과 ビジネス文章作成(3)感謝状

unit. 3 ビジネス文章作成(3) 感謝状

어휘연습

일본어	읽기	의미
感謝状		
努力		
表す		
今後		
展望		
長男		
仲間		

작문연습

1. 많은 사람이 가게 앞에서 줄을 서고 있다.

2. 일본에서 올림픽이 개최된다.

3. 확실히 역 앞의 도시락 가게는 맛있다.

4. 복권에 당첨되어 기쁘다.

5. 여러분과 함께 이 무대에 설 수 있는 것을 매우 기쁘게 생각합니다.

 문제풀이

일본어	읽기	의미
感謝状	かんしゃじょう	감사장
努力	どりょく	노력
表す	あらわす	표현하다
今後	こんご	앞으로
展望	てんぼう	전망
長男	ちょうなん	장남
仲間	なかま	동료

1. たくさんの人が店の前で列を作っている。

2. 日本においてオリンピックが開催される。

3. 確かに駅前の弁当屋はおいしい。

4. 宝くじに当たって嬉しい。

5. みなさんとともに、この舞台に立てることを大変嬉しく思います。

ビジネス文章作成(4)
アポ取り

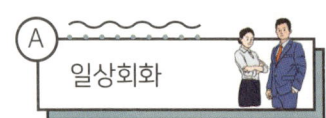
일상회화

社長　：　ちょっとメールでイロハ商事の社長にアポイントを取ってもらえないかな。

課長　：　了解です。社長のスケジュールはいつがよろしいですか。

社長　：　そうだな…来週の水、木の午後とかで聞いてみてもらえるかな。

課長　：　来週の水曜日か木曜日の午後ですね。ちなみにどんな用件でイロハ商事の社長に会われるのですか。

社長　：　来期からは少しプロジェクトを拡大しようと考えているんだけど、イロハ商事に共同出資者になってもらえたらと提案しに行こうと思っている。

課長　：　大切なミーティングになりそうですね。

社長　：　そうだ。だから君に同行してもらおうと思っている。

課長　：　わかりました。とりあえずイロハ商事にメールします。

해 석

사장 : 잠시 메일로 이로하 상사의 사장님께 약속을 잡아 줄 수 없겠어?

과장 : 알겠습니다. 사장님의 스케줄은 언제가 좋습니까?

사장 : 글쎄…다음주 수, 목요일의 오후로 물어 봐 줄 수 없을까?

과장 : 다음주 수요일이나 목요일의 오후이군요. 덧붙여 어떤 용건으로 이로하 상사의 사장님을 만나시는 것입니까?

사장 : 다음 회기부터는 조금 프로젝트를 확대하려고 생각하고 있는데. 이로하 상사에게 공동출자자가 되어 주기를 바라는 제안을 하러 가려고 생각하고 있어.

과장 : 중요한 미팅이 될 것 같군요.

사장 : 맞아. 그래서 너와 함께 동행하려고 생각하고 있어.

과장 : 알겠습니다. 우선 이로하 상사에게 메일을 보내겠습니다.

어휘 표현

- アポ取り 약속잡기
- 商事 상사
- 社長 사장
- 来週 다음주
- ちなみに 덧붙여
- 用件 용건
- 来期 다음 회기
- 拡大 확대
- 共同 공동
- 出資者 출자자
- 提案 제안
- 同行 동행

unit.4 ビジネス文章作成(4) アポ取り

もっともっと

1. 私はチョコとかキャンディーとか甘い物が好きです。
   → 나는 초콜릿이나 캔디나 단 것을 좋아합니다.

2. ビザを取得するためには、写真とか証明書とか色々準備しなければなりません。
   → 비자를 획득하기 위해서는, 사진이나 증명서나 여러 가지 준비해야만 합니다.

3. 弊社は品川駅より徒歩2分です。ちなみに地下道を通られると雨の心配もございません。
   → 저희 회사는 시나가와 역에서 도보 2분입니다. 덧붙여서 지하도를 통과하시면 비를 맞을 걱정도 없습니다.

4. ちなみに、このお菓子は今若い女性に大変人気だそうです。
   → 덧붙여서 이 과자는 지금 젊은 여성에게 매우 인기가 있다고 합니다.

어휘 표현

- □ ～とか ～라던가　□ 甘い 달다　□ 取得 취득　□ 写真 사진
- □ 証明書 증명서　□ 色々 여러 가지　□ 準備 준비　□ 弊社 저희 회사
- □ 徒歩 도보　□ ちなみに 덧붙여서　□ 地下道 지하도　□ 通る 통과하다
- □ 雨 비　□ 心配 걱정　□ お菓子 과자　□ 若い 젊다　□ 女性 여성
- □ 大変 매우　□ 人気 인기

5. 杉本さんも明日の会議に来そうです。
   → 스기모토 씨도 내일 회의에 올 것 같습니다.

6. 来週も雨が降りそうです。
   → 다음주도 비가 내릴 것 같습니다.

7. とりあえず、それを要求する理由を子供から聞くようにした。
   → 우선 그것을 요구하는 이유를 아이로부터 듣도록 했다.

8. とりあえずメールの返信だけでもしておこう。
   → 우선 메일의 답변만이라도 해 두자.

어휘 표현

- 会議 회의
- 来週 다음주
- 雨 비
- 降る 내리다
- とりあえず 우선
- 要求 요구
- 理由 이유
- 返信 답변

unit 4 ビジネス文章作成(4) アポ取り

어휘연습

일본어	읽기	의미
拡大		
共同		
出資者		
証明書		
要求		
理由		
返信		

작문연습

1. 미안하지만, 만 엔만 빌려줄 수 없을까?

2. 덧붙여서 한마디 해 두겠습니다.

3. 회사를 확대하려고 생각하고 있습니다.

4. 교수님께 질문을 하러 갑니다.

5. 중요한 회의가 될 것 같습니다.

 문제풀이

일본어	읽기	의미
拡大	かくだい	확대
共同	きょうどう	공동
出資者	しゅっししゃ	출자자
証明書	しょうめいしょ	증명서
要求	ようきゅう	요구
理由	りゆう	이유
返信	へんしん	답변

1. すまないが、一万円(いちまんえん)だけ貸(か)してもらえないかな。

2. ちなみに一言(ひとこと)言(い)っておきます。

3. 会社(かいしゃ)を拡大(かくだい)しようと考(かんが)えています。

4. 教授(きょうじゅ)に質問(しつもん)をしに行(い)きます。

5. 大事(だいじ)な会議(かいぎ)になりそうです。

unit.5 プレゼンテーション(1) 製品紹介

일상회화

課長 ： これから弊社の新商品のプレゼンをします。画面は見づらくないですか。

取引先 ： はい、大丈夫です。

課長 ： 今年の夏に発売を控えた弊社の新商品ですが、まずはプロモ映像をご覧ください。(映像)

取引先 ： (映像が終わって) 素晴らしいプロモでした。

課長 ： ありがとうございます。本当に自信を持っておすすめできる新商品です。

取引先 ： 注文開始はいつからですか。

課長 ： 来月１０日からです。

取引先 ： この新商品のために予算をたくさんとっておかなくてはいけませんね。ヒットしそうな予感がしますよ。

과장 : 지금부터 저희 회사의 신상품 프레젠테이션을 하겠습니다. 화면은 보기에 불편하지 않습니까?

거래처 : 예, 괜찮습니다.

과장 : 올해의 여름에 발매를 앞둔 저희 회사의 신상품입니다만, 우선은 프로모션 영상을 봐 주세요. (영상)

거래처 : (영상이 끝나고) 멋진 프로모션이었습니다.

과장 : 감사합니다. 정말로 자신감을 갖고 추천할 수 있는 신상품입니다.

거래처 : 주문개시는 언제부터입니까?

과장 : 다음달 10일부터입니다.

거래처 : 이 신상품을 위해서 예산을 많이 확보해 두지 않고서는 안 되겠죠. 히트칠 것 같은 예감이 듭니다.

어휘 표현

- □ 製品 제품
- □ 紹介 소개
- □ 弊社 저희 회사
- □ 新商品 신상품
- □ 画面 화면
- □ 동사ます형+づらい ～하기 어렵다, ～하기에 불편하다
- □ 今年 올해
- □ 夏 여름
- □ 発売 발매
- □ 控える 앞두다
- □ 映像 영상
- □ ご覧 보심
- □ 終わる 끝나다
- □ 素晴らしい 멋지다
- □ プロモ 프로모션
- □ 自信 자신(감)
- □ おすすめ 권유
- □ 注文 주문
- □ 開始 개시
- □ 予算 예산
- □ 予感 예감

unit. 5 プレゼンテーション(1) 製品紹介

A もっともっと

1. 新聞の文字って小さいから読みづらいよ。
   → 신문의 글자는 작아서 읽기 불편하다.

2. 最近のスマホって、いろんな機能がついていて、僕には使いづらい。
   → 최근의 스마트폰은 여러 기능이 붙어 있어서 나에게는 사용하기 불편하다.

3. 結婚式を目前に控えた。
   → 결혼식을 목전에 두고 있다.

4. 現役入隊を控えて短く刈ったヘアスタイルを公開した。
   → 현역입대를 앞두고, 짧게 자른 헤어스타일을 공개했다.

어휘 표현

□ 新聞 신문　□ 文字 글자　□ ～って ~라고 하는 것은　□ 小さい 작다
□ 読む 읽다　□ 동사ます형+づらい ~하기 어렵다, ~하기에 불편하다
□ 最近 최근　□ 機能 기능　□ 僕 나　□ 使う 사용하다　□ 結婚式 결혼식
□ 目前 목전　□ 控える 앞두다　□ 現役 현역　□ 入隊 입대　□ 短い 짧다
□ 刈る 자르다　□ 公開 공개

5. どうか資料だけでもご覧ください。
   → 부디 자료만이라도 봐 주세요.

6. 提案内容を添付ファイルでお送りしました。どうかご覧ください。
   → 제안내용을 첨부파일로 보냈습니다. 부디 봐 주세요.

7. 自分に自信が持てず苦しんでいる人が多い。
   → 자신에게 자신감을 가질 수 없어서 괴로워하고 있는 사람이 많다.

8. 自分に自信があるのなら、他人の前で強がる必要などありません。
   → 자신에게 자신감이 있다면, 타인 앞에서 강하게 할 필요 등 없습니다.

어휘 표현

- □ どうか 부디
- □ 資料(しりょう) 자료
- □ ご覧(らん) 보심
- □ 提案(ていあん) 제안
- □ 内容(ないよう) 내용
- □ 添付(てんぷ) 첨부
- □ 送(おく)る 보내다
- □ 自信(じしん) 자신감
- □ 苦(くる)しむ 괴로워하다
- □ 他人(たにん) 타인
- □ 強(つよ)がる 강하게 하다
- □ 必要(ひつよう) 필요

unit.5 プレゼンテーション(1) 製品紹介

어휘연습

일본어	읽기	의미
製品		
画面		
発売		
映像		
注文		
開始		
予感		

작문연습

1. １２월로 회사를 그만두려고 생각하고 있지만 말하기 어렵다.

2. 결승전을 내일로 앞두고 있다.

3. 저희 회사가 자신감을 가지고 만든 제품입니다.

4. 소비자를 위해서 많은 노력을 하고 있습니다.

5. 미리 판매예측을 해 두지 않으면 안 된다.

 문제풀이

일본어	읽기	의미
製品	せいひん	제품
画面	がめん	화면
発売	はつばい	발매
映像	えいぞう	영상
注文	ちゅうもん	주문
開始	かいし	개시
予感	よかん	예감

1. １２月で会社を辞めようと思っているんだけど、言いづらい。

2. 決勝戦を明日に控えている。

3. 弊社が自信を持って作った製品です。

4. 消費者のためにたくさんの努力をしています。

5. まえもって販売予測をしておかなければならない。

unit.6 プレゼンテーション(2) プロモーション企画

일상회화

課長 ： これから新商品のプロモーション企画のプレゼンを始めます。パワーポイントをご覧ください。

社長 ： どうぞ始めてください。

課長 ： まず夏に発売する新商品のセールスポイントですが、このように分析しました。

社長 ： この中で最大のセールスポイントは何かね。

課長 ： 老若男女を問わず、ご利用いただける点です。

社長 ： それは良いね。幅広い購買層から支持される可能性があるね。

課長 ： 次に広告展開ですが、あまりテレビや新聞の広告に予算をかけずに、インターネットの媒体を中心に展開する予定です。

社長 ： 十分なリサーチは済んだのか。

課長 ： はい。今まさに進めている最中です。

 해 석

과장 : 지금부터 신상품의 프로모션 기획의 프레젠테이션을 시작하겠습니다. 파워포인트를 보세요.

사장 : 시작해 주세요.

과장 : 우선 여름에 발매하는 신상품의 판매 포인트입니다만, 이처럼 분석했습니다.

사장 : 이 중에서 최대의 판매 포인트는 뭘까?

과장 : 남녀노소를 불문하고 이용하실 수 있는 점입니다.

사장 : 그것은 좋아. 폭넓은 구매층으로부터 지지받을 가능성이 있군.

과장 : 다음으로 광고 전개입니다만, 그다지 텔레비전이랑 광고에 예산을 들이지 않고, 인터넷 매체를 중심으로 전개할 예정입니다.

사장 : 충분한 조사는 끝냈어?

과장 : 예. 지금 바로 한창 진행하고 있는 중입니다.

어휘 표현

- 企画 기획
- 新商品 신상품
- ご覧 보심
- 発売 발매
- 分析 분석
- 最大 최대
- 老若男女 남녀노소
- ～を問わず ～을 불문하고
- 利用 이용
- 幅広い 폭넓다
- 購買層 구매층
- 支持 지시
- 可能性 가능성
- 次 다음
- 広告 광고
- 展開 전개
- 予算 예산
- 媒体 매체
- 予定 예정
- 十分だ 충분하다
- リサーチ 조사
- 済む 끝내다
- まさに 바로
- 進める 진행하다
- 最中 한창～하는 중

unit.6 プレゼンテーション(2) プロモーション企画

A もっともっと

1. <u>このように</u>人間は、「わけのわからないもの」に恐怖を感じます。
   → 이처럼 인간은「이유를 모르는 것」에 공포를 느낍니다.

2. 寄付は<u>このように</u>活用しています。
   → 기부는 이처럼 활용하고 있습니다.

3. この国は昼夜<u>を問わず</u>、いつも多くの人で賑わっている。
   → 이 나라는 주야를 불문하고 항상 많은 사람으로 북적거리고 있다.

4. 明日のパーティーは年齢<u>を問わず</u>、どなたでもご参加いただけます。
   → 내일 파티는 연령을 불문하고 누구라도 참가할 수 있습니다.

어휘 표현

- □ このように 이처럼　□ 人間(にんげん) 인간　□ わけ 이유　□ 恐怖(きょうふ) 공포
- □ 感(かん)じる 느끼다　□ 寄付(きふ) 기부　□ 活用(かつよう) 활용　□ 国(くに) 나라　□ 昼夜(ちゅうや) 주야
- □ ～を問(と)わず ～을 불문하고　□ 賑(にぎ)わう 북적거리다, 번화하다　□ 年齢(ねんれい) 연령
- □ 参加(さんか) 참가

5. 幅広い選択の余地があった。
　　→ 폭넓은 선택의 여지가 있었다.

6. 彼は幅広い知識を持っている。
　　→ 그는 폭넓은 지식을 가지고 있다.

7. ゲームをやっている最中に友達が遊びに来た。
　　→ 한창 게임을 하고 있는 중에 친구가 놀러 왔다.

8. わたしはパリを旅行している最中に彼女に会いました。
　　→ 나는 한창 파리를 여행하고 있는 중에 그녀를 만났습니다.

어휘 표현

- □ 幅広い 폭넓다
- □ 選択 선택
- □ 余地 여지
- □ 知識 지식
- □ 最中 한창~하는 중
- □ 友達 친구
- □ 遊ぶ 놀다
- □ 旅行 여행

unit.6 プレゼンテーション(2) プロモーション企画

어휘연습

일본어	읽기	의미
分析		
老若男女		
支持		
可能性		
広告		
昼夜		
選択		

작문연습

1. 나의 분석에는 틀린 곳이 많았다.

2. 스기모토 씨의 최대의 장점은 포기하지 않는 것입니다.

3. 연령을 불문하고 응모할 수 있습니다.

4. 다음으로 자신의 의견을 말하고 싶은 사람은 누구입니까?

5. 사업의 전개를 위해 광고에 예산을 들였다.

 문제풀이

일본어	읽기	의미
分析	ぶんせき	분석
老若男女	ろうじゃくだんじょ	남녀노소
支持	しじ	지지
可能性	かのうせい	가능성
広告	こうこく	광고
昼夜	ちゅうや	주야
選択	せんたく	선택

1. 私の分析には間違ったところが多かった。

2. 杉本さんの最大の長所はあきらめないことです。

3. 年齢を問わず応募できます。

4. 次に自分の意見を言いたい人は誰ですか。

5. 事業の展開のために広告に予算をかけた。

unit.7 プレゼンテーション(3) 年間計画

일상회화

課長　　：　これから来年度の計画についてプレゼンします。まず手元の資料に目を通してください。

社員A　：　課長、資料が足りないです。

課長　　：　了解。あとであげるから、隣の人と一緒に見てください。

社員A　：　わかりました。

課長　　：　2ページ目に、現時点で決定している来期の新商品をリストにしてみました。問題は発売日なんだけど、みんなの意見はどうかな。

社員B　：　課長、3月末発売予定の商品Aですが、開発が少し遅れているので、もう少し発売日を遅くはできないでしょうか。

課長　　：　そうなんだね。では5月でどうですか。

社員B　：　そのくらい時間に余裕があれば、間に合います。開発スタッフにその旨を伝えておきます。

해 석

과장 : 지금부터 내년도의 계획에 대해서 프레젠테이션을 하겠습니다. 우선 손에 있는 자료를 봐 주세요.

사원A : 과장님, 자료가 부족합니다.

과장 : 알았어요. 나중에 줄 테니 옆 사람과 함께 봐 주세요.

사원A : 알겠습니다.

과장 : 2페이지 째에 현 시점에서 결정되어 있는 다음 회기의 신상품을 리스트로 만들어 보았습니다. 문제는 발매일인데, 모두의 의견은 어때요?

사원B : 과장님, 3월 말 발매예정인 상품 A인데, 개발이 조금 늦기 때문에, 좀 더 발매일을 늦게 하는 것은 불가능할까요?

과장 : 그렇군. 그럼 5월로 어떻습니까?

사원B : 그 정도 시간에 여유가 있으면 충분합니다. 개발 직원에게 그 취지를 전해 두겠습니다.

어휘 표현

- ☐ 年間 연간
- ☐ 計画 계획
- ☐ 来年度 내년도
- ☐ 手元 수중
- ☐ 資料 자료
- ☐ 目を通す 보다
- ☐ 社員 사원
- ☐ 足りない 부족하다
- ☐ 隣 옆
- ☐ 目 째
- ☐ 現時点 현 시점
- ☐ 決定 결정
- ☐ 来期 다음 회기
- ☐ 新商品 신상품
- ☐ 発売日 발매일
- ☐ 意見 의견
- ☐ 予定 예정
- ☐ 開発 개발
- ☐ 遅れる 늦다
- ☐ 余裕 여유
- ☐ 間に合う 시간이나 양에 맞다
- ☐ 旨 취지
- ☐ 伝える 전하다

unit.7 プレゼンテーション⑶ 年間計画

A もっともっと

1. 毎日２時間ぐらいの運動は足りない。
   → 매일 2시간정도의 운동은 부족하다.

2. 気持ちだけではちょっと足りない気がします。
   → 마음만으로는 조금 부족한 느낌이 듭니다.

3. 心に余裕を持つことは自分のためにもいい。
   → 마음에 여유를 가지는 것은 자신을 위해서도 좋다.

4. 落ち着いていて余裕を感じさせる人は、相手に安心感を与えます。
   → 차분하고 여유를 느끼게 하는 사람은, 상대에게 안심감을 줍니다.

어휘 표현

- ☐ 毎日 매일
- ☐ 運動 운동
- ☐ 足りない 부족하다
- ☐ 気持ち 마음
- ☐ 気がする 느낌이 들다
- ☐ 心 마음
- ☐ 余裕 여유
- ☐ 落ち着く 차분하다
- ☐ 感じる 느끼다
- ☐ 相手 상대
- ☐ 安心感 안심감
- ☐ 与える 주다

5. 今出発すると時間に間に合います。
　　→ 지금 출발하면 시간에 맞습니다.

6. 彼らはその電車に間に合うために、すぐにでなければならない。
　　→ 그들은 그 전철에 맞기 위해서 바로 나가야만 한다.

7. その旨、ご担当の方にお伝えください。
　　→ 그 취지, 담당하는 분에게 전해주세요.

8. 至急、杉本にその旨をお知らせしておきます。
　　→ 즉시, 스기모토에게 그 취지를 알려 두겠습니다.

어휘 표현

- 出発(しゅっぱつ) 출발
- 電車(でんしゃ) 전철
- その旨(むね) 그 취지
- 担当(たんとう) 담당
- 方(かた) 분
- 伝(つた)える 전하다
- 至急(しきゅう) 즉시
- 知(し)らせる 알리다

unit. 7 プレゼンテーション(3) 年間計画

어휘연습

일본어	읽기	의미
手元		
隣		
余裕		
安心感		
旨		
担当		
至急		

작문연습

1. 어제의 프레젠테이션은 대성공이었다.

2. 가지고 있는 돈으로 사기에는 부족했다.

3. 모두의 의견을 듣기 위해 회의를 열었다.

4. 협의시간을 1시간 연장했다.

5. 시간에 여유가 있으면 유럽으로 여행가고 싶다.

 문제풀이

일본어	읽기	의미
手元	てもと	수중
隣	となり	이웃, 옆
余裕	よゆう	여유
安心感	あんしんかん	안심감
旨	むね	취지
担当	たんとう	담당
至急	しきゅう	즉시

1. 昨日のプレゼンは大成功だった。

2. 持っているお金で買うには足りなかった。

3. みんなの意見を聞くため、会議を開いた。

4. 打ち合わせの時間を１時間延長した。

5. 時間に余裕があればヨーロッパへ旅行に行きたい。

unit.8 プレゼンテーション(4)
新商品開発の提案

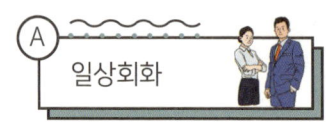
일상회화

課長Ａ ： 今日はお忙しいところお集まりいただき、ありがとうございます。新商品の企画について今日はパワポを使って、プレゼンさせていただきます。

社長 ： 配布資料はないのか。

課長Ａ ： 失礼しました。今お配りします。

社長 ： それでは始めてくれ。

課長Ａ ： 「商品Ａの企画開発と販売のご提案」ですが、まずは、商品概要をご説明します。

課長Ｂ ： どんな商品なのですか。

課長Ａ ： 今、画面を進めます。商品概要の画面です。お手元の資料では３ページ目になります。

社長 ： 見やすい資料だね。

課長Ａ ： ありがとうございます。

 해 석

과장 A : 오늘은 바쁘신 중에 모여 주셔서 감사합니다. 신상품의 기획에 대해서 오늘은 파워포인트를 사용해서 프레젠테이션을 하겠습니다.

사장 : 배포자료는 없어?

과장 A : 실례했습니다. 지금 배포하겠습니다.

사장 : 그럼 시작해.

과장 A : 「상품A의 기획개발과 판매의 제안」입니다만, 우선은 상품개요를 설명하겠습니다.

과장 B : 어떤 상품입니까?

과장 A : 지금, 화면을 진행하겠습니다. 상품개요의 화면입니다. 수중의 자료로는 3페이지 째입니다.

사장 : 보기 편한 자료이군.

과장 A : 감사합니다.

어휘 표현

- ☐ 新商品 신상품
- ☐ 開発 개발
- ☐ 提案 제안
- ☐ 集まる 모이다
- ☐ 企画 기획
- ☐ 配布 배포
- ☐ 資料 자료
- ☐ 失礼 실례
- ☐ 配る 나누어 주다
- ☐ 販売 판매
- ☐ 概要 개요
- ☐ 説明 설명
- ☐ 画面 화면
- ☐ 進める 진행하다
- ☐ 手元 수중

unit. 8 プレゼンテーション(4) 新商品開発の提案

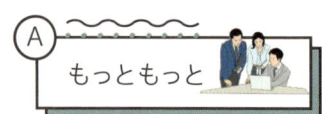

A もっともっと

1. みんな集まってもせいぜい5人くらいだ。
   → 모두 모여도 기껏해야 10명 정도이다.

2. 集まった人々は演説を聞いていっせいに拍手を送った。
   → 모인 사람들은 연설을 듣고 일제히 박수를 보냈다.

3. 書類には機密事項も含まれるため、関係者以外への配布は一切禁止します。
   → 서류에는 비밀사항도 포함되기 때문에, 관계자 이외에 대한 배포는 일절 금지합니다.

4. 一日かけてチラシを配布したにもかかわらず、店を訪れた客はわずかだった。
   → 하루 걸쳐 전단지를 배포했음에도 불구하고 가게를 방문했던 손님은 불과 얼마 없었다.

어휘 표현

- □ 集まる 모이다　□ せいぜい 기껏해야　□ 演説 연설　□ いっせいに 일제히
- □ 拍手 박수　□ 送る 보내다　□ 書類 서류　□ 機密 기밀　□ 事項 사항
- □ 含む 포함하다　□ 関係者 관계자　□ 以外 이외　□ 配布 배포　□ 一切 일절
- □ 禁止 금지　□ ～にもかかわらず ～에도 불구하고　□ 店 가게
- □ 訪れる 방문하다　□ 客 손님　□ わずか 불과

5. それでは遠慮なく、奥さんのお手料理をいただきます。
    → 그럼 사양 않고 부인의 손수 만든 요리를 먹겠습니다.

6. それでは本日はこれにて失礼いたします。
    → 그럼 오늘은 이것으로 실례하겠습니다.

7. このペンはすごく使いやすいから、好きです。
    → 이 펜은 엄청 사용하기 편하기 때문에 좋아합니다.

8. もっと歩きやすい靴がほしいです。
    → 더욱 걷기 편한 신발을 원합니다.

어휘 표현

- □ それでは 그럼
- □ 遠慮(えんりょ) 사양
- □ 奥(おく)さん 부인
- □ 手料理(てりょうり) 손수 만든 요리
- □ 本日(ほんじつ) 오늘
- □ 〜にて 〜으로
- □ 失礼(しつれい) 실례
- □ 使(つか)う 사용하다
- □ 동사ます형+やすい 〜하기 쉽다, 〜하기 편하다
- □ もっと 더욱
- □ 歩(ある)く 걷다
- □ 靴(くつ) 신발

プレゼンテーション(4)
新商品開発の提案

어휘연습

일본어	읽기	의미
概要		
演説		
拍手		
機密		
事項		
関係者		
遠慮		

작문연습

1. 바쁘신 중에 죄송합니다만.

2. 어제 나누어 드린 자료를 봐 주세요.

3. 지금부터 신제품에 대해서 설명하겠습니다.

4. 수중에 있는 샘플을 사용해 주세요.

5. 이 테니스코트는 넓어서 연습하기 편합니다.

문제풀이

일본어	읽기	의미
概要	がいよう	개요
演説	えんぜつ	연설
拍手	はくしゅ	박수
機密	きみつ	기밀
事項	じこう	사항
関係者	かんけいしゃ	관계자
遠慮	えんりょ	사양

1. お忙しいところ申し訳ありませんが。

2. 昨日お配りした資料をご覧ください。

3. これから新製品についてご説明します。

4. お手元のサンプルを使ってください。

5. このテニスコートは広いですから、練習しやすいです。

unit. 9 新規取引の提案 (1)

A 일상회화

課長 : 今日は、御社と弊社の新規取引の件についてご提案に参りました。

取引先 : 最近、御社の評判はあちこちから伺っていますよ。

課長 : そうですか。ありがとうございます。

取引先 : 御社の資料は何かお持ちいただいていますか。

課長 : はい。こちらになります。

取引先 : ありがとうございます。ちょっと拝見させていただきます。

課長 : よろしくお願いします。

取引先 : 私個人としては前向きに考えていますが、最終的には社長の了承をいただかなくてなりませんので、少々お時間をください。よろしいでしょうか。

課長 : かしこまりました。検討されてから、ご連絡をください。よろしくお願いします。

해석

과장 : 오늘은 귀사와 저희 회사의 신규거래 건에 대해서 제안하러 왔습니다.

거래처 : 최근에, 귀사의 평판은 여기저기에서 듣고 있습니다.

과장 : 그렇습니까? 감사합니다.

거래처 : 귀사의 자료는 뭔가 들고 있습니까?

과장 : 예. 여기에 있습니다.

거래처 : 감사합니다. 잠시 보겠습니다.

과장 : 잘 부탁합니다.

거래처 : 저 개인으로서는 전향적으로 생각하고 있습니다만, 최종적으로는 사장님의 승낙을 받지 않으면 안 되기 때문에 잠시 시간을 주세요. 괜찮겠습니까?

과장 : 알겠습니다. 검토하시고 나서 연락을 주세요. 잘 부탁합니다.

어휘 표현

- 新規 신규
- 取引 거래
- 提案 제안
- 御社 귀사
- 弊社 저희 회사
- 件 건
- 参る「行く-가다/来る-오다」의 겸양어
- 最近 최근
- 評判 평판
- 伺う「聞く-듣다/訪ねる-방문하다」의 겸양어
- 資料 자료
- 拝見する「見る-보다」의 겸양어
- 個人 개인
- 前向き 전향적
- 最終的 최종적
- 了承 승낙
- 検討 검토
- 連絡 연락

unit. 9 新規取引の提案(1)

A もっともっと

1. 先生、今晩お宅に伺ってもよろしいでしょうか。
   → 선생님, 오늘 밤 댁에 찾아 뵈어도 좋습니까?

2. 昨日のお詫びがしたいからもう一度伺ってもいいでしょうか。
   → 어제의 일로 사과하고 싶으니 한번 더 찾아 뵈어도 괜찮겠습니까?

3. 彼は教師としては一流だが、一人の父親としては三流だ。
   → 그는 교사로서는 일류이지만, 한 명의 부모로서는 삼류다.

4. 日本人としての誇りを持って留学に向かった。
   → 일본인으로서의 자부심을 가지고 유학 갔다.

어휘 표현

- 先生(せんせい) 선생님
- 今晩(こんばん) 오늘 밤
- お宅(たく) 댁
- 伺(うかが)う「聞(き)く-듣다/訪(たず)ねる-방문하다」의 겸양어
- 昨日(きのう) 어제
- 詫(わ)びる 사과하다
- 教師(きょうし) 교사
- ～として ～로서
- 一流(いちりゅう) 일류
- 父親(ちちおや) 아버지
- 三流(さんりゅう) 삼류
- 誇(ほこ)り 자부심
- 留学(りゅうがく) 유학
- 向(む)かう 향하다

5. 私も悩むことはありますが、すべて前向きに考えるタイプです。
    → 나도 고민하는 경우는 있습니다만, 전부 전향적으로 생각하는 타입입니다.

6. 前向きになれる方法をご紹介します。
    → 전향적으로 될 수 있는 방법을 소개하겠습니다.

7. 最終的には私の上司の判断です。
    → 최종적으로는 나의 상사의 판단입니다.

8. 最終的にどこまで増税すればいいのか分からない。
    → 최종적으로 어디까지 증세하면 좋을지 모르겠다.

어휘 표현

- ☐ 悩む 고민하다
- ☐ 前向き 전향적
- ☐ 方法 방법
- ☐ 紹介 소개
- ☐ 最終的 최종적
- ☐ 上司 상사
- ☐ 判断 판단
- ☐ 増税 증세

unit. 9 新規取引の提案 (1)

어휘연습

일본어	읽기	의미
新規		
最終的		
詫びる		
一流		
誇り		
悩む		
増税		

작문연습

1. 귀사와의 거래를 위해서 도쿄에서 왔습니다.

2. 과장님, 여쭙고 싶은 것이 있는데 지금 시간 괜찮겠습니까?

3. 그는 작사가로서도 많은 히트곡이 있습니다.

4. 모든 것을 전향적으로 생각하는 편이 건강에 좋습니다.

5. 최종적으로는 그의 판단에 맡기기로 합시다.

문제풀이

일본어	읽기	의미
新規	しんき	신규
最終的	さいしゅうてき	최종적
詫びる	わびる	사과하다
一流	いちりゅう	일류
誇り	ほこり	자부심
悩む	なやむ	고민하다
増税	ぞうぜい	증세

1. 御社との取引のために東京から参りました。

2. 課長、伺いたいことがありますが、今時間よろしいでしょうか。

3. 彼は作詞家としてもたくさんのヒット曲があります。

4. 全てのことを前向きに考えたほうが健康にいいです。

5. 最終的には彼の判断に任せることにしましょう。

新規取引の提案 (2)

unit. 10

일상회화

取引先 ： 先日お話しいただきました新規取引の件ですが、社長から了承を得ましたので、ご連絡しました。

課長 ： ありがとうございます。

取引先 ： 社長も、御社との取引を喜んでいました。よろしくお伝えくださいとのことです。

課長 ： 弊社の社長にもその旨をお伝えしておきます。

取引先 ： ありがとうございます。

課長 ： それでは契約書の作成に入ります。草案をお送りしますので、ご確認いただいてから、契約書の原本を持って、御社にお伺いします。

取引先 ： かしこまりました。それでは契約書の草案をお待ちしております。

課長 ： この度は本当にご尽力いただき、誠にありがとうございました。

거래처 : 전날 말씀해 주신 신규 거래의 건입니다만, 사장님으로부터 승낙을 얻었기에 연락했습니다.

과장 : 감사합니다.

거래처 : 사장님도, 귀사와의 거래를 기뻐했습니다. 잘 부탁한다고 전해달라고 하셨습니다.

과장 : 저희 회사의 사장님에게도 그 취지를 전해 두겠습니다.

거래처 : 감사합니다.

과장 : 그럼 계약서의 작성에 들어가겠습니다. 초안을 보낼 테니 확인해 주시면, 계약서의 원본을 들고 귀사로 찾아 뵙겠습니다.

거래처 : 알겠습니다. 그럼 계약서의 초안을 기다리겠습니다.

과장 : 이번에는 정말로 진력을 다해 주셔서, 진심으로 감사했습니다.

어휘 표현

- 先日(せんじつ) 전날
- 了承(りょうしょう) 승낙
- 得(え)る 얻다
- 連絡(れんらく) 연락
- 御社(おんしゃ) 귀사
- 取引(とりひき) 거래
- 喜(よろこ)ぶ 기뻐하다
- 伝(つた)える 전하다
- ～とのこと ～라고 하는 것
- 旨(むね) 취지
- 契約書(けいやくしょ) 계약서
- 作成(さくせい) 작성
- 草案(そうあん) 초안
- 確認(かくにん) 확인
- 原本(げんぽん) 원본
- 伺(うかが)う 「聞く-듣다/訪ねる-방문하다」의 겸양어
- 尽力(じんりょく) 진력
- 誠(まこと)に 진심으로

unit. 10 新規取引の提案 (2)

もっともっと

1. <u>先日</u>同社決算が発表されたことを受けて、会社説明会を開催する運びとなりました。
   → 전날 동사 결산이 발표되었다는 소식을 받아, 회사설명회를 개최할 단계가 되었습니다.

2. <u>先日</u>はけっこうなものをちょうだいいたしまして、ありがとうございました。
   → 저번에는 아주 훌륭한 물건을 주셔서, 대단히 고마웠습니다.

3. 彼の話は秘密にし<u>ておいた</u>ほうがいい。
   → 그의 이야기는 비밀로 해 두는 편이 좋다.

4. 長い期間機械を放置し<u>ておく</u>と確実に状態が悪化します。
   → 오랜 기간 기계를 방치해 두면 확실히 상태가 악화합니다.

어휘 표현

- □ 先日(せんじつ) 전날
- □ 同社(どうしゃ) 같은 회사
- □ 決算(けっさん) 결산
- □ 発表(はっぴょう) 발표
- □ 受ける(うける) 받다
- □ 会社(かいしゃ) 회사
- □ 説明会(せつめいかい) 설명회
- □ 開催(かいさい) 개최
- □ 運び(はこび) 단계
- □ けっこうな 훌륭한, 상당한
- □ ちょうだいする 「もらう-받다」의 겸양어
- □ いたす 「する-하다」의 겸양어
- □ 秘密(ひみつ) 비밀
- □ ~ておく ~해 두다
- □ 期間(きかん) 기간
- □ 機械(きかい) 기계
- □ 放置(ほうち) 방치
- □ 確実(かくじつ) 확실
- □ 状態(じょうたい) 상태
- □ 悪化(あっか) 악화

5. お父さんと相談してから子供の要求を聞いてあげるかどうかを決める。
   → 아버지와 상담하고 나서 아이의 요구를 들어줄지 어떨지를 정하겠다.

6. 物を買ってから一週間以内なら取り替えることができます。
   → 물건을 사고 나서 일주일 이내라면 교환할 수가 있습니다.

7. 問題解決のために尽力する。
   → 문제해결을 위해 진력한다.

8. 目標達成のために尽力した。
   → 목표달성을 위해 진력했다.

어휘 표현

- 相談 상담
- ～てから ～하고 나서
- 要求 요구
- ～かどうか ～할지 말지
- 決める 정하다
- 一週間 일주일
- 以内 이내
- 取り替える 교환하다
- 解決 해결
- 尽力 진력
- 目標 목표
- 達成 달성

unit. 10 新規取引の提案(2)

어휘연습

일본어	읽기	의미
草案		
原本		
尽力		
決算		
状態		
要求		
解決		

작문연습

1. 허가를 얻은 사람만 들어갈 수 있습니다.

2. 거래를 중지하는 것은 슬픕니다.

3. 초안에 여러 가지 문제점이 발견되었습니다.

4. 부장님과 상담하고 나서 출장일을 정하겠습니다.

5. 진력을 해서 문제해결에 임하겠습니다.

 문제풀이

일본어	읽기	의미
草案	そうあん	초안
原本	げんぽん	원본
尽力	じんりょく	진력
決算	けっさん	결산
状態	じょうたい	상태
要求	ようきゅう	요구
解決	かいけつ	해결

1. 許可を得た人だけ入られます。

2. 取引を中止するのは悲しいです。

3. 草案にいろんな問題点が見つかりました。

4. 部長と相談してから出張日を決めます。

5. 尽力して問題解決にあたります。

unit.11 見本送付依頼(1) 電話にて

A 일상회화

課長 ： 少々お願いしたいことがあって、お電話差し上げました。

A商事 ： どんな用件でしょうか。

課長 ： 先日の見本市で御社の商品を拝見したのですが弊社で取り扱いを検討したいので、見本をお送りいただけないでしょうか。

A商事 ： かしこまりました。お名前とご連絡先を伺ってもよろしいでしょうか。

課長 ： はい。サクラ企画の金と申します。

A商事 ： いつも大変お世話になっております。サクラ企画様は存じておりますので、すぐに発送の手配をいたします。

課長 ： よろしくお願いします。

과장 : 좀 부탁하고 싶은 것이 있어서 전화 드렸습니다.

A상사 : 어떤 용건입니까?

과장 : 전날 견본 시장에서 귀사의 상품을 보았습니다만, 저희 회사에서 취급을 검토하고 싶으니 견본을 보내 주실 수 없을까요?

A상사 : 알겠습니다. 성함과 연락처를 여쭈어도 되겠습니까?

과장 : 예. 사쿠라 기획의 김이라고 합니다.

A상사 : 항상 매우 신세를 지고 있습니다. 사쿠라 기획은 알고 있으니, 바로 발송의 준비를 하겠습니다.

과장 : 잘 부탁합니다.

어휘 표현

- 見本 견본
- 送付 송부
- 依頼 의뢰
- ～にて ～로, ～에서
- 差し上げる 「あげる-주다」의 겸양어
- 用件 용건
- 先日 전날
- 見本市 견본 시장
- 御社 귀사
- 商品 상품
- 拝見する 「見る-보다」의 겸양어
- 弊社 저희 회사
- 取り扱い 취급
- 検討 검토
- 連絡先 연락처
- 伺う 「聞く-묻다/訪ねる-방문하다」의 겸양어
- 存じる 「分かる-알다」의 겸양어
- 発送 발송
- 手配 수배, 준비

unit. 11 見本送付依頼(1) 電話にて

もっともっと

1. 先生にお誕生日のプレゼントを差し上げました。
   → 선생님께 생신 선물을 드렸습니다.

2. ご応募のお客様の中で抽選で秋の新作、ブレスレットを差し上げます。
   → 응모하신 손님 중에서 추첨으로 가을의 신작, 팔찌를 드리겠습니다.

3. 見本を見てから取引するかとうかを決めます。
   → 견본을 보고 나서 거래할지 어떨지를 정하겠습니다.

4. すみませんが、見本を送ってくださいませんか。
   → 죄송합니다만, 견본을 보내 주시지 않겠습니까?

어휘 표현

- 誕生日 생일
- 差し上げる「あげる-주다」의 겸양어
- 応募 응모
- お客様 손님
- 中 안
- 抽選 추첨
- 秋 가을
- 新作 신작
- 見本 견본
- 取引 거래
- ~かとうか ~할지 말지
- 決める 정하다
- 送る 보내다

5. この度は非常にありがたく存じております。
　　→ 이번에는 매우 고맙게 생각하고 있습니다.

6. その件につきましては存じております。
　　→ 그 건에 대해서는 알고 있습니다.

7. 迅速に手配いただきありがとうございます。
　　→ 신속하게 준비해 주셔서 감사합니다.

8. 御社のご都合がよろしい日時に、１時間程度の工場見学をご手配いただけないでしょうか。
　　→ 귀사의 사정이 괜찮은 일시에, 1시간 정도의 공장견학을 준비해 주실 수 없을까요?

어휘 표현

- ☐ この度 이번
- ☐ 非常に 매우
- ☐ 存じる 「分かる-알다/思う-생각하다」의 겸양어
- ☐ 件 건
- ☐ 迅速 신속
- ☐ 手配 수배, 준비
- ☐ 御社 귀사
- ☐ 都合 사정
- ☐ 日時 일시
- ☐ 程度 정도
- ☐ 工場 공장
- ☐ 見学 견학

unit. 11 見本送付依頼(1) 電話にて

어휘연습

일본어	읽기	의미
見本		
依頼		
用件		
手配		
迅速		
日時		
程度		

작문연습

1. 교수님께 커피를 드렸습니다.

2. 견본시장에서 저희 회사의 견본을 보실 수 있습니다.

3. 여기에 연락처와 주소를 기입해 주세요.

4. 선생님은 항상 검정색 정장을 입고 있습니다.

5. 오늘은 매우 추우니 외출하지 않는 편이 좋다.

 문제풀이

일본어	읽기	의미
見本	みほん	견본
依頼	いらい	의뢰
用件	ようけん	용건
手配	てはい	수배, 준비, 채비
迅速	じんそく	신속
日時	にちじ	일시
程度	ていど	정도

1. 教授にコーヒーを差し上げました。

2. 見本市で弊社の見本をご覧いただけます。

3. ここに連絡先とご住所をご記入ください。

4. 先生はいつも黒いスーツを着ています。

5. 今日は大変寒いので外出しないほうがいい。

unit. 12 見本送付依頼 (2) 見本市にて

A 일상회화

課長 ： すみません。この商品に関心があるのですが、サンプルを弊社宛にお送りいただけませんでしょうか。

B商事 ： かしこまりました。それでは、こちらの書類に、会社名、担当者名、連絡先をご記入ください。

課長 ： だいたいで構いませんので、どのくらいでサンプルは到着しますか。

B商事 ： 今から手配しますので、明日発送になります。ですから明後日以降の到着になるかと思います。

課長 ： 了解です。何卒よろしくお願いします。

B商事 ： こちらこそよろしくお願いします。是非とも新規契約いただけますようご検討ください。

課長 ： かしこまりました。

과장 : 실례합니다. 이 상품에 관심이 있습니다만, 샘플을 저희 회사 앞으로 보내 주실 수 없겠습니까?

B상사 : 알겠습니다. 그럼, 이쪽의 서류에, 회사명, 담당자명, 연락처를 기입해 주세요.

과장 : 대략으로도 상관없기에, 어느 정도의 기간이면 샘플은 도착합니까?

B상사 : 지금 준비할 테니 내일 발송하겠습니다. 그래서 모레 이후의 도착이 될 거라고 생각합니다.

과장 : 알겠습니다. 부디 잘 부탁합니다.

B상사 : 이쪽이야 말로 잘 부탁합니다. 꼭 신규 계약해 주실 수 있도록 검토해 주세요.

과장 : 알겠습니다.

어휘 표현

- 商品 상품
- 関心 관심
- 弊社 저희 회사
- 宛に 앞으로
- 書類 서류
- 会社名 회사명
- 担当者名 담당자명
- 連絡先 연락처
- 記入 기입
- だいたい 대략
- 構う 상관하다
- 到着 도착
- 手配 준비
- 発送 발송
- 明後日 모레
- 以降 이후
- 何卒 부디
- 是非とも 꼭
- 新規 신규
- 契約 계약
- 検討 검토

unit. 12 　見本送付依頼 (2) / 見本市にて

もっともっと

1. 家族宛に年賀状を作った。
   → 가족 앞으로 연하장을 만들었다.

2. １０年後の僕宛に手紙を書いておいた。
   → １０년 후의 내 앞으로 편지를 써 두었다.

3. 重病にかかった人は大体、医者に診察を受けてそれに合う治療をしている。
   → 중병에 걸린 사람은 대체로 의사에게 진찰을 받고 그것에 맞는 치료를 하고 있다.

4. 大体登ったけど、まだ全体の三分の二にすぎないよ。
   → 대체로 올랐지만, 아직 전체의 3분의 2에 지나지 않는다.

어휘 표현

□ 家族 가족　□ ～宛に ～앞으로　□ 年賀状 연하장　□ 作る 만들다
□ 僕 나　□ 手紙 편지　□ 書く 쓰다　□ 重病 중병　□ 大体 대체로
□ 医者 의사　□ 診察 진찰　□ 受ける 받다　□ 合う 맞다　□ 治療 치료
□ 登る 오르다　□ 全体 전체　□ ～にすぎない ～에 불과하다

5. １２月以降も相次いで値上げが予定されている。
   → １２월 이후도 잇달아 가격상승이 예정되어 있다.

6. 友だちは昨年１１月以降登校していない。
   → 친구는 작년 １１월 이후 등교하지 않았다.

7. 今度は是非とも行きたいと思っております。
   → 이번에는 꼭 가고 싶다고 생각하고 있습니다.

8. 古本屋で是非とも読みたいと思っていた本を見つけました。
   → 고서점에서 꼭 읽고 싶다고 생각했던 책을 발견했습니다.

어휘 표현

- 以降(いこう) 이후
- 相次ぐ(あいつぐ) 잇달다
- 値上げ(ねあげ) 가격상승
- 予定(よてい) 예정
- 登校(とうこう) 등교
- 今度(こんど) 이번
- 是非とも(ぜひとも) 꼭, 반드시
- 古本屋(ふるほんや) 고서점
- 見つける(みつける) 발견하다

unit. 12 見本送付依頼(2) / 見本市にて

어휘연습

일본어	읽기	의미
書類		
何卒		
年賀状		
重病		
診察		
登校		
古本屋		

작문연습

1. 거래처 앞으로 신상품을 보냈다.

2. 교수님의 강의는 대체로 이해했다.

3. 저희 회사와도 거래할 수 있도록 검토해 주세요.

4. 6월 이후에 개최할 예정입니다.

5. 꼭 도움이 되고 싶다고 생각합니다.

 문제풀이

일본어	읽기	의미
書類	しょるい	서류
何卒	なにとぞ	부디
年賀状	ねんがじょう	연하장
重病	じゅうびょう	중병
診察	しんさつ	진찰
登校	とうこう	등교
古本屋	ふるほんや	고서점

1. 取引先宛に新商品を送った。

2. 教授の講義はだいたい理解した。

3. 弊社ともお取引できるようにご検討ください。

4. ６月以降に開催する予定です。

5. ぜひともお役に立ちたいと存じます。

unit. 13 クレーム(1) 電話対応

A 일상회화

課長 ： はい、サクラ企画です。どういったご用件でしょうか。

顧客 ： 先日、御社から購入した商品なんですけど購入から１か月しか経っていないのに、故障してしまいました。

課長 ： さようでございますか。大変申し訳ございませんでした。

顧客 ： 修理はしていただけるのでしょうか。

課長 ： 商品は何になりますか。

顧客 ： 商品Ｂです。

課長 ： 商品Ｂでしたら、保証期間は１年ですので、すぐに修理を手配いたします。

顧客 ： よかったです。

課長 ： それではお客様のお名前、ご住所、ご連絡先をお教えいただけますでしょうか。

 해　　석

과장 : 예, 사쿠라 기획입니다. 어떠한 용건입니까?

고객 : 전날 귀사에서 구입한 상품입니다만, 구입에서 한달밖에 지나지 않았는데 고장이 나 버렸습니다.

과장 : 그렇습니까? 대단히 죄송했습니다.

고객 : 수리를 해 주실 수 있을까요?

과장 : 상품은 무엇입니까?

고객 : 상품B입니다.

과장 : 상품B라면, 보증기간은 1년이니 바로 수리를 알아보겠습니다.

고객 : 다행이군요.

과장 : 그럼 손님의 성함, 주소, 연락처를 가르쳐 주실 수 있을까요?

어휘 표현

- □ クレーム 클레임, 불평, 불만　□ 対応(たいおう) 대응　□ 企画(きかく) 기획　□ 用件(ようけん) 용건
- □ 顧客(こきゃく) 고객　□ 先日(せんじつ) 전날　□ 御社(おんしゃ) 귀사　□ 購入(こうにゅう) 구입　□ 商品(しょうひん) 상품
- □ 経(た)つ 경과하다　□ 故障(こしょう) 고장　□ 修理(しゅうり) 수리　□ 保証期間(ほしょうきかん) 보증기간
- □ 手配(てはい)する 알아보다　□ お客様(きゃくさま) 손님　□ 住所(じゅうしょ) 주소　□ 連絡先(れんらくさき) 연락처
- □ 教(おし)える 가르치다

unit. 13 クレーム(1) 電話対応

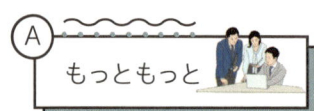
A もっともっと

1. <u>どういった</u>方が入居できるのですか。
   → 어떠한 분이 입주할 수 있습니까?

2. <u>どういった</u>手続きが必要でしょうか。
   → 어떠한 수속이 필요합니까?

3. 時間が<u>経っても</u>問題が解決できない。
   → 시간이 지나도 문제가 해결되지 않는다.

4. 何年<u>経っても</u>変わらない風景だ。
   → 몇 년 지나도 변하지 않는 풍경이다.

어휘 표현

- □ どういった 어떠한
- □ 方(かた) 분
- □ 入居(にゅうきょ) 입주
- □ 手続き(てつづき) 수속
- □ 必要(ひつよう) 필요
- □ 経(た)つ 경과하다, 흐르다
- □ 解決(かいけつ) 해결
- □ 変(か)わる 바뀌다
- □ 風景(ふうけい) 풍경

5. 折り入ってお話がございますが。
   → 긴히 이야기가 있습니다만.

6. お問い合わせいただいた商品については在庫がございます。
   → 문의해 주신 상품에 대해서는 재고가 있습니다.

7. 修理の際は、故障した部品だけ修理に出してください。
   → 수리할 때는, 고장난 부품만 수리센터에 맡겨 주세요.

8. お客様の修理依頼内容に関わらず修理する場合があります。
   → 손님의 수리의뢰내용에 관계없이 수리할 경우가 있습니다.

어휘 표현

- □ 折り入って 긴히
- □ ございます 「あります-있습니다」의 정중한 표현
- □ 問い合わせ 문의
- □ 商品 상품
- □ 在庫 재고
- □ 修理 수리
- □ 際 때
- □ 故障する 고장나다
- □ 部品 부품
- □ 出す 내다, 제출하다
- □ お客様 손님
- □ 依頼 의뢰
- □ 内容 내용
- □ ～に関わらず ~에 관계없이
- □ 場合 경우

unit. 13 クレーム(1) 電話対応

어휘연습

일본어	읽기	의미
対応		
故障		
保証		
入居		
風景		
在庫		
部品		

작문연습

1. 입사에서 두 달밖에 지나지 않았는데, 벌써 질려버렸다.

2. 오늘은 매우 더우니까 빨리 일을 끝내고 싶다.

3. 고장난 텔레비전을 수리에 맡겼다.

4. 보증기간 내에는 수리는 무료입니다.

5. 바로 신칸센의 시간을 알아보겠습니다.

 문제풀이

일본어	읽기	의미
対応	たいおう	대응
故障	こしょう	고장
保証	ほしょう	보증
入居	にゅうきょ	입주
風景	ふうけい	풍경
在庫	ざいこ	재고
部品	ぶひん	부품

1. 入社から二カ月しか経っていないのに、もう飽きてしまった。

2. 今日は大変暑いから早く仕事を終えたい。

3. 故障したテレビを修理に出した。

4. 保証期間内には修理は無料です。

5. すぐに新幹線の時間を手配いたします。

クレーム(2)

unit. 14

A 일상회화

課長 ： 突然お伺いして申し訳ございません。

取引先 ： とんでもないです。どういったご用件で来社いただいたのでしょうか。

課長 ： 実は先日に御社から仕入れた商品のことでお話ししたいことがあります。

取引先 ： 何か問題があったのでしょうか。

課長 ： 御社の商品を購入された顧客から不良品に関するクレームが何件かありました。

取引先 ： そうですか。大変申し訳ございませんでした。

課長 ： つきまして、在庫品の品質を検査いただきたく存じます。

取引先 ： すぐに手配いたします。

課長 ： そして契約価格についても、少しお勉強いただきたいです。よろしくお願いします。

 해 석

과장 : 갑자기 찾아 뵈어서 죄송합니다.

거래처 : 당치않습니다. 어떤 용건으로 내사하셨습니까?

과장 : 실은, 전날에 귀사에서 매입한 상품에 관한 것으로 말씀드리고 싶은 것이 있습니다.

거래처 : 뭔가 문제가 있었던 것입니까?

과장 : 귀사의 상품을 구입하신 고객으로부터 불량품에 관한 클레임이 몇 건 있었습니다.

거래처 : 그렇습니까? 대단히 죄송했습니다.

과장 : 그리고, 재고품의 품질을 검사해 주시면 좋겠다고 생각합니다.

거래처 : 바로 알아보겠습니다.

과장 : 그리고 계약가격에 대해서도 조금 깎아 주기를 바랍니다. 잘 부탁합니다.

어휘 표현

- 突然 갑자기
- 伺う 「聞く-묻다/訪ねる-방문하다」의 겸양어
- 用件 용건
- 来社 내사
- 実は 실은
- 先日 전날
- 御社 귀사
- 仕入れる 매입하다
- 購入 구입
- 顧客 고객
- 不良品 불량품
- 何件 몇 건
- 在庫品 재고품
- 品質 품질
- 検査 검사
- 存じる 「思う-생각하다」의 겸양어
- 手配する 알아보다
- 契約 계약
- 価格 가격
- 勉強 가격을 깎음

unit. 14 クレーム(2)

A もっともっと

1. 後輩に結婚式のスピーチを頼まれたが、全く突然のこととて困惑しています。
   → 후배에게 결혼식의 스피치를 부탁받았지만 완전히 갑작스런 일이어서 곤혹스러웠습니다.

2. 出発間際になって、彼は突然行かないと言い出した。
   → 출발하기 직전이 되어 그는 갑자기 안 가겠다고 말을 했다.

3. ひとにやさしいまちづくりに関する施策の実施に当たっていろんな意見が出た。
   → 사람에게 쾌적한 마을 만들기에 관한 시책의 실시에 임해서 여러 가지 의견이 나왔다.

4. 検索サイトの利用動向に関するインターネット調査を実施した。
   → 검색사이트의 이용동향에 관한 인터넷조사를 실시했다.

어휘 표현

☐ 後輩 후배　☐ 結婚式 결혼식　☐ 頼む 부탁하다　☐ 全く 전혀　☐ 突然 돌연
☐ 困惑 곤혹　☐ 出発 출발　☐ 間際 직전　☐ 言い出す 갑자기 말을 하다
☐ やさしい 상냥하다　☐ まちづくり 마을 만들기　☐ ～に関する ～에 관한
☐ 施策 시책　☐ 実施 실시　☐ ～に当たって ～에 임해서　☐ 意見 의견
☐ 検索 검색　☐ 利用 이용　☐ 動向 동향　☐ 調査 조사

5. ご多忙だとは存じますが、近くにお越しの節は是非お立ち寄りください。
   → 아주 바쁘다고는 생각합니다만, 근처에 오실 때는 꼭 들러주세요.

6. お忙しいと存じますが、ご対応くださいませ。
   → 바쁘다고는 생각합니다만, 대응해 주세요.

7. 友だちと先生の講義についての行き違いがあった。
   → 친구와 선생님의 강의에 대한 오해가 있었다.

8. この件について、君の率直な意見を聞かせてくれ。
   → 이 건에 대해서 자네의 솔직한 의견을 들려줘.

어휘 표현

- □ 多忙 아주 바쁨
- □ 存じる 「思う-생각하다」의 겸양어
- □ 近く 근처
- □ 越す 「行く-가다/来る-오다」의 존경어
- □ 節 때
- □ 是非 꼭
- □ 立ち寄る 들르다
- □ 忙しい 바쁘다
- □ 対応 대응
- □ 講義 강의
- □ ～について ～에 대해서
- □ 行き違い 엇갈림
- □ 件 건
- □ 率直 솔직
- □ 意見 의견

unit. 14 クレーム(2)

어휘연습

일본어	읽기	의미
突然		
顧客		
不良品		
品質		
価格		
困惑		
動向		

작문연습

1. 선배의 갑작스러운 죽음에 놀랐다.

2. 실은 제가 기획했던 일입니다.

3. 소비자로부터 클레임이 있었습니다.

4. 재고품은 다음주 수요일에 들어옵니다.

5. 그 건에 대해서는 담당자에게 물어봐 주세요.

 문제풀이

일본어	읽기	의미
突然	とつぜん	돌연
顧客	こきゃく	고객
不良品	ふりょうひん	불량품
品質	ひんしつ	품질
価格	かかく	가격
困惑	こんわく	곤혹
動向	どうこう	동향

1. 先輩の突然の死にびっくりした。

2. 実は私が企画したことです。

3. 消費者からクレームがありました。

4. 在庫品は来週水曜日に入ります。

5. その件については担当者に聞いてみてください。

unit. 15 支払い請求

A 일상회화

課長　　：　先日ご購入いただいた商品の請求書をお送りさせていただきたいのですが、よろしいでしょうか。

取引先　：　どうぞお送りください。

課長　　：　どなた様宛にお送りすればよろしいでしょうか。

取引先　：　私宛てにお送りください。

課長　　：　御社の支払日を確認させていただけますか。

取引先　：　弊社は末締めの翌々月5日払いになります。

課長　　：　かしこまりました。近日中にお送りさせていただきます。

해 석

과장 : 전날 구입하신 상품의 청구서를 보내 드리겠습니다만, 괜찮습니까?

거래처 : 보내 주세요.

과장 : 어느 분 앞으로 보내 드리면 될까요?

거래처 : 제 앞으로 보내주세요.

과장 : 귀사의 지불일을 확인할 수 있겠습니까?

거래처 : 저희 회사는 말에 마감하고 다 다음달 5일에 지불합니다.

과장 : 알겠습니다. 근일 중에 보내겠습니다.

어휘 표현

- 支払い 지불
- 請求 청구
- 先日 전날
- 購入 구입
- 商品 상품
- 宛に 앞으로
- 御社 귀사
- 支払日 지불일
- 確認 확인
- 弊社 저희 회사
- 末締め 말일 마감
- 翌々月 다 다음 달
- 近日中 근일 중

unit. 15 支払い請求

A もっともっと

1. 大家族なので洗剤の購入も一度に大量購入しています。
   → 대가족이기 때문에 세제의 구입도 한꺼번에 대량구입하고 있습니다.

2. このシリーズを毎年リピート購入するお客さんも多いらしい。
   → 이 시리즈를 매년 반복해서 구입하는 손님도 많은 것 같다.

3. ちょっとお願いを申し上げてもよろしいでしょうか。
   → 잠시 부탁 말씀을 드려도 괜찮겠습니까?

4. 酒は少量ならよろしいでしょう。
   → 술은 소량이라면 괜찮겠죠.

어휘 표현

- □ 大家族(だいかぞく) 대가족 □ 洗剤(せんざい) 세제 □ 購入(こうにゅう) 구입 □ 一度に(いちどに) 한번에
- □ 大量(たいりょう) 대량 □ 毎年(まいとし) 매년 □ リピート 반복
- □ 申し上げる(もうしあげる) 「言う-말하다」의 겸양어 □ お願い(おねがい) 부탁 □ 酒(さけ) 술
- □ 少量(しょうりょう) 소량 □ よろしい 「いい-좋다」의 정중한 표현

5. カードの締め日と支払日は違う。
   → 카드의 마감일과 지불일은 다르다.

6. 従業員を雇用したので給料の支払日について検討しています。
   → 종업원을 고용했기에 월급의 지불일에 대해서 검토하고 있습니다.

7. 近日中にご連絡いたします。
   → 근일 중에 연락하겠습니다.

8. 近日中に販売予定です。
   → 근일 중에 판매예정입니다.

어휘 표현

- □ 締め日 마감일
- □ 支払日 지불일
- □ 違う 다르다
- □ 従業員 종업원
- □ 雇用 고용
- □ 給料 월급
- □ 検討 검토
- □ 近日中 근일 중
- □ 連絡 연락
- □ 販売 판매
- □ 予定 예정

unit. 15 支払い請求

어휘연습

일본어	읽기	의미
請求書		
近日中		
洗剤		
大量		
少量		
従業員		
販売		

작문연습

1. 청구서를 보내라고 부탁했지만 아직 도착하지 않았다.

2. 부장님 앞으로 발주서가 보내왔다.

3. 지불일을 착각해서 송금을 하지 못했다.

4. 우리 회사의 월급일은 매월 １０일입니다.

5. 근일 중에 찾아 뵙겠습니다.

 문제풀이

일본어	읽기	의미
請求書	せいきゅうしょ	청구서
近日中	きんじつちゅう	근일 중
洗剤	せんざい	세제
大量	たいりょう	대량
少量	しょうりょう	소량
従業員	じゅうぎょういん	종업원
販売	はんばい	판매

1. 請求書を送ってくれと頼んだが、まだ着いていない。

2. 部長宛に発注書が送ってきた。

3. 支払日を勘違いして送金できかった。

4. うちの会社の給料日は毎月１０日です。

5. 近日中にお伺いします。

unit. 1 工場見学(1) 自社視察

일상회화

社長　　：　みんなの調子はどうですか。

工場長　：　特に大きな問題はないです。

社長　　：　では何か改善すべき点はありますか。

工場長　：　こちらの生産ラインで、若干の生産の遅れが見受けられます。

現場主任：　今の工場長の指摘ですが、実は先月にスタッフ1名が急にやめてしまって、マンパワーが不足している状態です。

社長　　：　工場長、至急スタッフの補充を検討してください。

工場長　：　了解です。現場主任とも相談しながら、新しいスタッフを確保するようにします。

社長　　：　よろしく。

사장　　：여러분의 컨디션은 어떻습니까?

공장장　：특별히 큰 문제는 없습니다.

사장　　：그럼 뭔가 개선해야만 하는 점은 있습니까?

공장장　：이쪽의 생산 라인에서, 약간의 생산 차질이 보여집니다.

현장주임：지금의 공장자의 지적입니다만, 실은 지난 달에 직원 1명이 갑자기 그만 둬버려 인적지원이 부족한 상태입니다.

사장　　：공장장, 즉시 직원의 보충을 검토해 주세요.

공장장　：알겠습니다. 현장주임과도 상담하면서 새로운 직원을 확보하도록 하겠습니다.

사장　　：부탁해요.

어휘 표현

- 工場 공장
- 見学 견학
- 自社 자사
- 視察 시찰
- 調子 컨디션
- 工場長 공장장
- 特に 특별히
- 改善 개선
- 生産 생산
- 若干 약간
- 遅れ 지연
- 見受ける 보이다
- 現場 현장
- 主任 주임
- 指摘 지적
- 実 실은
- 先月 지난 달
- 急に 갑자기
- マンパワー 인력
- 不足 부족
- 状態 상태
- 至急 즉시
- 補充 보충
- 検討 검토
- 了解する 앎, 이해함
- 相談 상담
- 確保 확보

unit.1 工場見学 (1) 自社視察

A もっともっと

1. 急に体の調子が悪くなり、自分で医療機関に行けなくなった。
   → 갑자기 몸의 컨디션이 나빠져서 혼자서 의료기관에 갈 수 없게 되었다.

2. この車は買ってから２０年経つけど、未だに調子いい。
   → 이 차는 산지 ２０년이 지났지만, 아직까지 상태가 좋다.

3. 図書館は民間サービスのように親切にすべきである。
   → 도서관은 민간서비스처럼 친절해야만 한다

4. 子供の無理な要求にどう対処するべきか。
   → 아이의 무리한 요구에 어떻게 처리해야만 하는가?

어휘 표현

- □ 急に 갑자기　□ 体 몸　□ 調子 기분, 컨디션, 작동상태　□ 医療 의료
- □ 機関 기관　□ 車 차　□ 買う 사다　□ ～てから ～하고 나서
- □ 経つ 경과하다　□ 未だに 여태껏　□ 図書館 도서관　□ 民間 민간
- □ 親切 친절　□ ～べき ～해야 함　□ 無理 무리　□ 要求 요구
- □ 対処 대처　□ 今回 이번

5. 今回は若干名を採用する予定です。
   → 이번에는 약간 명을 채용할 예정입니다.

6. サッカーでは、彼は兄よりも若干優れている。
   → 축구에서는, 그는 형보다도 약간 뛰어나다.

7. 急に雨が降ったから、試合は全部中止になりました。
   → 갑자기 비가 내렸기 때문에 시합은 전부 중지가 되었습니다.

8. わざと寒そうなしぐさをしたら急に走ろうって言われた。
   → 일부러 추운 듯한 행동을 했더니 갑자기 달리자고 했다.

어휘 표현

- 若干名 약간 명
- 採用 채용
- 予定 예정
- 兄 형
- 優れる 뛰어나다
- 急に 갑자기
- 雨 비
- 降る 내리다
- 試合 시합
- 全部 전부
- 中止 중지
- わざと 일부러
- しぐさ 행동, 태도, 동작
- 走る 달리다

unit. 1 工場見学(1) 自社視察

어휘연습

일본어	읽기	의미
視察		
改善		
生産		
指摘		
補充		
確保		
医療		

작문연습

1. 선수들의 최근의 컨디션은 어떻습니까?

2. 어제 시험은 특별히 어려운 점은 없었다.

3. 내일 회의에는 모두 참가해야만 한다.

4. 지금은 인원수가 부족한 상태입니다.

5. 모두가 협의에 오도록 하겠습니다.

 문제풀이

일본어	읽기	의미
視察	しさつ	시찰
改善	かいぜん	개선
生産	せいさん	생산
指摘	してき	지적
補充	ほじゅう	보충
確保	かくほ	확보
医療	いりょう	의료

1. 選手たちの最近の調子はどうですか。

2. 昨日の試験は特に難しいところはなかった。

3. 明日の会議にはみんな参加するべきだ。

4. 今は人数が不足している状態です。

5. みんなが打ち合わせに来るようにします。

unit. 2 工場見学 (2)
他社視察

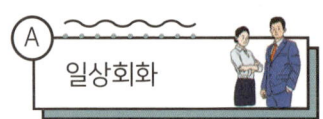
A 일상회화

社長A ： 本日は弊社の工場までお越しくださって、ありがとうございます。

社長B ： こちらこそお招きくださって、ありがとうございます。

社長A ： 今日はこちらの工場長に案内してもらいます。

工場長 ： よろしくお願いします。それではまず各部品の制作現場を案内して参ります。

社長B ： この機械は最新機種ではないですか。

工場長 ： はい、そうです。昨年、この工場に導入しました。

社長A ： 現場からの要望が強かったので、思い切って去年から最新機種に変更しました。

社長B ： 導入してみて、その後、何か良い成果がありましたか。

社長A ： まず実績が上がり始めました。今後はもっと成果がでるように期待していますよ。

사장 A : 오늘은 저희 회사의 공장까지 와 주셔서 감사합니다.

사장 B : 저야 말로 초대를 해 주셔서 감사합니다.

사장 A : 오늘은 이쪽의 공장장이 안내해 주겠습니다.

공장장 : 잘 부탁합니다. 그럼 우선 각 부품의 제작현장을 안내하겠습니다.

사장 B : 이 기계는 최신기종이 아닙니까?

공장장 : 예, 그렇습니다. 작년에 이 공장에 도입했습니다.

사장 A : 현장에서의 요망이 강했기 때문에 과감히 작년부터 최신기종으로 변경했습니다.

사장 B : 도입해 보고, 그 후 뭔가 좋은 성과가 있었습니까?

사장 A : 우선 실적이 올라가기 시작했습니다. 앞으로는 더욱 성과가 나오도록 기대하고 있습니다.

어휘 표현

□ 他社 타사　□ 本日 오늘　□ 弊社 저희 회사　□ 工場 공장　□ 越す「行く-가다/来る-오다」의 존경어　□ 案内 안내　□ 各部品 각 부품　□ 制作 제작　□ 現場 현장　□ 参る「行く-가다/来る-오다」의 겸양어　□ 機械 기계　□ 機種 기종　□ 昨年 작년　□ 導入 도입　□ 要望 요망　□ 思い切って 과감히　□ 去年 작년　□ 変更 변경　□ 成果 성과　□ 実績 실적　□ 上がり始める 올라가기 시작하다　□ 今後 앞으로　□ 期待 기대

unit.2 工場見学(2) 他社視察

A もっともっと

1. わざわざお越しくださって恐縮です。
    → 일부러 와 주셔서 감사합니다.

2. またのお越しを心よりお待ちしております。
    → 또 오실 것을 마음으로 기다리고 있겠습니다.

3. 彼女は恋人に誕生日のパーティーに招かれた。
    → 그녀는 애인에게 생일파티에 초대를 받았다.

4. 私は友人を自宅に招いた。
    → 나는 친구를 집에 초대했다.

어휘 표현

- わざわざ 일부러
- 越す 「行く-가다/来る-오다」의 존경어
- 恐縮だ 고맙다, 미안하다
- 心 마음
- 待つ 기다리다
- 恋人 애인
- 誕生日 생일
- 招く 초대하다, 초래하다
- 友人 친구
- 自宅 자택

5. どれを買うか非常に迷ったが思い切って選んだ。
   → 어느 것을 살지 매우 망설였지만 과감히 선택했다.

6. 思い切って自分の意見を述べた。
   → 과감히 자신의 의견을 말했다.

7. 税関はもっと厳しくものを検査すべきである。
   → 세관은 더욱 엄격하게 물건을 검사해야만 한다.

8. そんなに理想ばかり言っても仕方がない。もっと現実に即して考えなければならない。
   → 그렇게 이상적인 것만 말해도 어쩔 수 없다. 더욱 현실에 입각해서 생각해야 한다.

어휘 표현

- 非常に 매우
- 迷う 망설이다
- 思い切って 과감히
- 選ぶ 선택하다
- 意見 의견
- 述べる 말하다
- 税関 세관
- もっと 더욱
- 厳しい 엄하다
- 検査 검사
- ～べき ～해야 함
- 理想 이상
- 仕方がない 어쩔 수가 없다
- 現実 현실
- ～に即して ～에 입각해서
- 考える 생각하다

unit.2 工場見学(2) 他社視察

어휘연습

일본어	읽기	의미
工場		
現場		
機種		
導入		
変更		
実績		
成果		

작문연습

1. 일부러 공항까지 와 주셔서 감사합니다.

2. 이 스마트폰은 최신기종입니까?

3. 실패를 생각하지 말고, 과감히 시작해 주세요.

4. 먹어보고 매우 맛있다고 느꼈습니다.

5. 실적이 올라가기 시작해서 매우 기뻤습니다.

 문제풀이

일본어	읽기	의미
工場	こうじょう	공장
現場	げんば	현장
機種	きしゅ	기종
導入	どうにゅう	도입
変更	へんこう	변경
実績	じっせき	실적
成果	せいか	성과

1. わざわざ空港(くうこう)までお越(こ)しくださって、ありがとうございます。

2. このスマホは最新機種(さいしんきしゅ)ですか。

3. 失敗(しっぱい)を考(かんが)えないで、思(おも)い切(き)って始(はじ)めてください。

4. 食(た)べてみてとてもおいしいと感(かん)じました。

5. 実績(じっせき)が上(あ)がり始(はじ)めて非常(ひじょう)に嬉(うれ)しかったんです。

unit.3 代金支払い延期の要請(1)

일상회화

社長Ａ： 実は、折り入って相談があります。

社長Ｂ： 何ですか。

社長Ａ： 今月分の支払いを翌月に延期してもらえないでしょうか。

社長Ｂ： うちもギリギリで経営しているので、支払い延期の要請に応じるのは、正直申し上げると厳しいです。

社長Ａ： 御社の事情も承知しています。それでは今月に半額支払いで、残額を翌月支払いにしてはいただけないでしょうか。

社長Ｂ： それにしても、いつも支払いが滞ったことのない御社が、なぜそのような提案をされるのですか。

社長Ａ： 実は弊社の大手取引先のひとつが、最近、倒産してしまったので、集金に問題が生じてしまって、困っているんです。

社長Ｂ： そうですか。やむを得ない事情のようなので、経理とも相談して検討してみます。

사장 A : 실은 긴히 상담이 있습니다.

사장 B : 무엇입니까?

사장 A : 이번 달 분의 지불을 다음 달로 연기해 줄 수 없을까요?

사장 B : 우리 회사도 자금사정이 아슬아슬하게 경영하고 있어서, 지불연기의 요청에 응하는 것은 솔직히 말씀드리면 힘듭니다.

사장 A : 귀사의 사정도 알고 있습니다. 그럼 이번 달에 반액 지불하고, 잔액을 다음 달 지불해 주시도록 할 수 없을까요?

사장 B : 그렇다고 하더라도 항상 지불이 연체되지 않은 귀사가, 왜 그러한 제안을 하셨습니까?

사장 A : 실은 저의 회사의 대기업 거래처의 하나가, 최근에 도산해 버렸기 때문에 수금에 문제가 생겨버려 난처해하고 있습니다.

사장 : 그렇습니까? 어쩔 수 없는 사정인 것 같으니, 경리와도 상담해서 검토해 보겠습니다.

어휘 표현

- 代金 대금
- 支払い 지불
- 延期 연기
- 要請 요청
- 折り入って 긴히
- 相談 상담
- 今月分 이번 달 분
- 翌月 다음 달
- ギリギリ 아슬아슬
- 経営 경영
- 応じる 응하다
- 正直 정직
- 厳しい 힘들다, 엄하다
- 事情 사정
- 承知する 「分かる-알다」의 겸양어
- 半額 반액
- 残額 잔액
- 滞る 밀리다
- 提案 제안
- 大手 대규모, 대기업
- 取引先 거래처
- 倒産 도산
- 集金 수금
- 生じる 생기다
- 困る 곤란하다
- やむを得ない 어쩔 수 없다
- 経理 경리
- 検討 검토

unit.3 代金支払い 延期の要請(1)

A もっともっと

1. 能力に応じて働き、労働に応じて給料をもらう。
   → 능력에 부응해서 일하고, 노동에 부응해서 급료를 받는다.

2. 若者たちの期待に応じて入場料を無料にした。
   → 젊은이들의 기대에 부응해서 입장료를 무료로 했다.

3. それにしても、あの会社で彼らは厳しいスケジュールで２４時間働いているのだ。
   → 그렇다고 하더라도, 저 회사에서 그들은 빡빡한 스케줄에서 24시간 일하고 있는 것이다.

4. それにしても、私は彼が優秀だと思います。
   → 그렇다고 하더라도, 나는 그가 우수하다고 생각합니다.

어휘 표현

- 能力(のうりょく) 능력
- ～に応じて(おう) ～에 부응해서
- 働く(はたら) 일하다
- 労働(ろうどう) 노동
- 給料(きゅうりょう) 급료
- 若者(わかもの) 젊은이
- 期待(きたい) 기대
- 入場料(にゅうじょうりょう) 입장료
- 無料(むりょう) 무료
- それにしても 그렇다고 하더라도
- 厳しい(きび) 엄격하다, 혹독하다
- 優秀(ゆうしゅう) 우수

5. 大人になって人格にさまざまな問題が生じています。
   → 어른이 되어 인격에 다양한 문제가 생기고 있습니다.

6. 別のことが起きるかもしれないという期待感が生じて嬉しい。
   → 다른 일이 일어날지도 모른다는 기대감이 생겨서 기쁘다.

7. 我々はやむを得ない事情で、コンサートを延期した。
   → 우리들은 어쩔 수 없는 사정으로 콘서트를 연기했다.

8. やむを得ない理由で退職した。
   → 어쩔 수 없는 이유로 퇴직했다.

어휘 표현

- 大人 (おとな) 어른
- 人格 (じんかく) 인격
- さまざまな 다양한
- 生じる (しょうじる) 생기다
- 別 (べつ) 다른
- 起きる (おきる) 일어나다
- 期待感 (きたいかん) 기대감
- 嬉しい (うれしい) 기쁘다
- 我々 (われわれ) 우리들
- やむを得ない (やむをえない) 어쩔 수 없다
- 事情 (じじょう) 사정
- 延期 (えんき) 연기
- 理由 (りゆう) 이유
- 退職 (たいしょく) 퇴직

unit. 3 代金支払い延期の要請 (1)

어휘연습

일본어	읽기	의미
要請		
経営		
正直		
半額		
倒産		
人格		
退職		

작문연습

1. 상담할 내용을 미리 알려주세요.

2. 모든 회원의 요구에 부응하는 것은 상당히 어렵다.

3. 아이도 아이 나름대로의 사정이 있다.

4. 그렇다고 하더라도 오늘은 너무 춥다.

5. 여러 가지 문제가 생겨서 회사를 그만두었습니다.

 문제풀이

일본어	읽기	의미
要請	ようせい	요청
経営	けいえい	경영
正直	しょうじき	정직
半額	はんがく	반액
倒産	とうさん	도산
人格	じんかく	인격
退職	たいしょく	퇴직

1. 相談する内容をまえもって知らせてください。

2. すべての会員の要求に応じるのはなかなか難しい。

3. 子供も子供なりの事情がある。

4. それにしても、今日は寒すぎる。

5. いろんな問題が生じて会社を辞めました。

unit.4 代金支払い 延期の要請(2)

일상회화

社長 ： A社から代金支払い延期の要請があったのだが、経理担当の立場から見て、意見をくれないだろうか。

経理 ： そうですね、なるべく代金支払い延期の要請は受けないほうが良いと思います。もしかしてA社に何か事情があるのですか。

社長 ： 取引先の会社が倒産したそうだ。

経理 ： それはお困りですね。

社長 ： そうなんだ。そこで半額だけ翌月支払いでどうかと提案されてしまったんだ。

経理 ： うちの社は、ここのところ売り上げも上々なので、何とかなるかと思います。

社長 ： そうか、わかった。

経理 ： ただし、支払い延期の要請を受けるようであれば、必ず書面で一筆交わしてくださいね。よろしくお願いします。

사장 : A사로부터 대금지불 연기의 요청이 있었는데, 경리담당의 입장으로 의견을 줄 수 없을까?

경리 : 글쎄요, 가능한 한 대금지불 연기의 요청은 받지 않는 편이 좋다고 생각합니다. 혹시 A사에 뭔가 사정이 있는 것입니까?

사장 : 거래처의 회사가 도산했다고 해.

경리 : 그건 곤란하겠군요.

사장 : 그래. 그래서 반액만 다음 달 지불로 어떻겠는가 라고 제안했어.

경리 : 우리 회사는 요즘 매상도 좋기 때문에 어떻게든 될 거라고 생각합니다.

사장 : 그래? 알았어.

경리 : 단, 지불연기의 요청을 받을 거라면, 반드시 서면으로 글을 주고받아주세요. 잘 부탁합니다.

어휘 표현

☐ 経理 경리   ☐ 担当 담당   ☐ 立場 입장   ☐ ～から見て ～으로는
☐ 意見 의견   ☐ なるべく 가능한 한   ☐ 受ける 받다   ☐ もしかして 혹시
☐ 事情 사정   ☐ 取引先 거래처   ☐ 倒産 도산   ☐ 半額 반액   ☐ 翌月 다음 달
☐ 提案 제안   ☐ 売り上げ 매상   ☐ 上々 최상   ☐ 必ず 반드시   ☐ 書面 서면
☐ 一筆 일필   ☐ 交わす 주고받다

unit. 4 代金支払い延期の要請(2)

A もっともっと

1. 彼はいつもお金の点**から見て**物事を考えている。
   → 그는 항상 돈의 관점으로 모든 일을 생각하고 있다.

2. この作品の素晴らしさは素人**から見ても**分かる。
   → 이 작품의 훌륭함은 아마추어 입장으로도 알 수 있다.

3. **なるべく**夜遅くまでテレビを見ないでください。
   → 가능한한 밤 늦게까지 텔레비전을 보지 말아주세요.

4. 自分と関係のあることなら**なるべく**責任をとったほうがいい。
   → 자신과 관계가 있는 일이라면 가능한 한 책임을 지는 편이 좋다.

어휘 표현

- ~から見て ~으로는, ~입장으로는
- 物事 모든 일
- 考える 생각하다
- 作品 작품
- 素晴らしさ 훌륭함
- 素人 아마추어
- 分かる 알다
- なるべく 가능한 한
- 夜遅く 밤 늦게
- 関係 관계
- 責任をとる 책임을 지다

5. あなたが探しているのは、もしかしてこのペンですか。
　→ 당신이 찾고 있는 것은 혹시 이 펜입니까?

6. このきれいな絵は、もしかしてあなたが描いたのですか。
　→ 이 예쁜 그림은, 혹시 당신이 그린 것입니까?

7. ここのところ土日に天気が崩れています。
　→ 요즘 주말에 날씨가 나쁩니다.

8. ここのところ新型コロナウィルス感染者が増えています。
　→ 요즘 신형 코로나 바이러스 감염자가 늘고 있습니다.

어휘 표현

- 探す 찾다
- もしかして 혹시, 어쩌면
- きれいだ 예쁘다
- 絵 그림
- 描く 그리다
- ここのところ 요즘
- 土日 주말
- 天気が崩れる 날씨가 나빠지다
- 新型 신형
- 感染者 감염자
- 増える 늘다, 증가하다

unit.3 代金支払い延期の要請 (2)

어휘연습

일본어	읽기	의미
代金		
書面		
素人		
責任		
土日		
新型		
感染者		

작문연습

1. 너의 생각을 말해줘.

2. 혹시 스기모토 부장님도 오십니까?

3. 요즘 좋은 날씨가 계속된다.

4. 단지, 그에게 돈을 빌려준 것뿐이다.

5. 빌린 돈은 반드시 갚아주세요.

 문제풀이

일본어	읽기	의미
代金	だいきん	대금
書面	しょめん	서면
素人	しろうと	아마추어
責任	せきにん	책임
土日	どにち	주말
新型	しんがた	신형
感染者	かんせんしゃ	감염자

1. 君の考えを言ってくれ。

2. もしかして杉本部長もいらっしゃいますか。

3. ここのところいい天気が続く。

4. ただし、彼にお金を貸してあげただけだ。

5. 借りたお金は必ず返してください。

unit.5 ビジネスEメール(1) 株主会議

A 일상회화

社長 ： 来月は株主総会議があったよね。

秘書 ： はい、そうです。

社長 ： 株主総会議の日時を、株主たちにメールで伝達してくれないか。

秘書 ： 了解しました。

社長 ： メールを流す前に、最終チェックをしたいから、私に見せて。

秘書 ： 了解です。詳細は決まっていますか。

社長 ： 日時は、来月の２５日午後２時から、場所は、うちの会議室で、よろしく頼むよ。

秘書 ： わかりました。

 해 석

사장 : 다음달은 주주총회의가 있지?

비서 : 예, 그렇습니다.

사장 : 주주총회의 일시를 주주들에게 메일로 전달해 주지 않을래?

비서 : 알겠습니다.

사장 : 메일로 보내기 전에 최종체크를 하고 싶으니 나에게 보여줘.

비서 : 알겠습니다, 상세한 것은 정해졌습니까?

사장 : 일시는 다음달 25일 오후 2시부터, 장소는 우리 회사의 회의실로, 잘 부탁해.

비서 : 알겠습니다.

어휘 표현

- 株主 주주
- 総会議 총회의
- 日時 일시
- 伝達 전달
- 了解する 알다, 이해하다
- 流す 흘리다, 보내다
- 最終 최종
- 詳細 상세
- 決まる 정해지다
- 場所 장소
- 頼む 부탁하다

unit.5 ビジネスEメール(1) 株主会議

A もっともっと

1. 日本空港ビルデングの株主になった。
   → 일본공항 빌딩의 주주가 되었다.

2. 株主とは、株式を発行している株式会社に投資した人です。
   → 주주라고 하는 것은 주식을 발행하고 있는 주식회사에 투자했던 사람입니다.

3. ビジネスでは、どんな指示を出すかも大事だが、どうやって伝達するかも大切だ。
   → 비즈니스에서는, 어떤 지시를 내리는지도 중요하지만, 어떻게 전달하는지도 중요하다.

4. 指示がうまく伝達されなかったことから、混乱が生じた。
   → 지시가 잘 전달되지 않은 이유에서 혼란이 생긴다.

어휘 표현

- □ 空港 공항
- □ 株主 주주
- □ 株式 주식
- □ 発行 발행
- □ 投資 투자
- □ 指示 지시
- □ 大事だ 중요하다
- □ 伝達 전달
- □ 大切だ 중요하다
- □ ～ことから ~이유에서
- □ 混乱 혼란
- □ 生じる 생기다

5. 他人が自分を正当に評価してくれないことで苦しんでいるのです。
   → 다른 사람이 자신을 정당하게 평가해 주지 않은 것으로 괴로워하고 있는 것입니다.

6. 誰も自分のことを相手にしてくれない。
   → 아무도 나를 상대해 주지 않는다.

7. 詳細な条件で図書の検索ができます。
   → 상세한 조건으로 도서의 검색을 할 수 있습니다.

8. 求人情報を詳細な条件で指定し検索するページです。
   → 구인정보를 상세한 조건으로 지정하여 검색하는 페이지입니다.

어휘 표현

- 他人(たにん) 타인
- 正当(せいとう) 정당
- 評価(ひょうか) 평가
- 苦しむ(くるしむ) 괴로워하다
- 誰も(だれも) 아무도
- 相手(あいて) 상대
- 詳細(しょうさい) 상세
- 条件(じょうけん) 조건
- 図書(としょ) 도서
- 検索(けんさく) 검색
- 求人(きゅうじん) 구인
- 情報(じょうほう) 정보
- 指定(してい) 지정

unit. 5 ビジネスEメール(1) 株主会議

어휘연습

일본어	읽기	의미
株主		
総会		
伝達		
最終		
詳細		
投資		
正当		

작문연습

1. 다음주부터 주주총회가 있다고 합니다.

2. 이 편지를 그에게 전달해 주지 않을래?

3. 최종적인 판단은 그에게 맡기겠습니다.

4. 상세한 내용은 이 서류를 봐 주세요.

5. 장소와 일시는 나중에 메일로 알려드리겠습니다.

 문제풀이

일본어	읽기	의미
株主	かぶぬし	주주
総会	そうかい	총회
伝達	でんたつ	전달
最終	さいしゅう	최종
詳細	しょうさい	상세
投資	とうし	투자
正当	せいとう	정당

1. 来週から株主総会があるそうです。

2. この手紙を彼に伝達してくれないか。

3. 最終的な判断は彼に任せます。

4. 詳細な内容はこの書類をご覧ください。

5. 場所と日時は後ほどメールにてお知らせいたします。

unit.6 ビジネスEメール(2) 社内幹部会議

A 일상회화

社長 ： 来週に幹部会議を招集したいので、各セクションの部長と課長たちにメールを送ってくれ。

秘書 ： 会議の題目は何ですか。

社長 ： 「来月に開催される見本市での買い付けに関して」だ。

秘書 ： 日時と場所は決定していますか。

社長 ： 来週の金曜日の午前１０時３０分からでよろしく。

秘書 ： 了解しました。すぐにメールで流します。

社長 ： 必ず出欠の返答をもらうのを忘れないようにしてくれ。あと、出欠状況が分かり次第、教えてね。

秘書 ： 承知しました。

 해석

사장 : 다음주에 간부회의를 소집하고 싶으니 각 부서의 부장과 과장들에게 메일을 보내 줘.

비서 : 회의의 제목은 무엇입니까?

사장 :「다음달에 개최되는 견본시장에서의 매입에 관해서」이야.

비서 : 일시와 장소는 결정했습니까?

사장 : 다음주 금요일의 오전 10시 30분부터로 부탁해.

비서 : 알겠습니다. 바로 메일로 보내겠습니다.

사장 : 반드시 출결의 답변을 받는 것을 잊지 않도록 해 줘. 그리고 출결 상황을 아는 대로 가르쳐 줘.

비서 : 알겠습니다.

어휘 표현

- 社内 사내
- 幹部 간부
- 会議 회의
- 来週 다음주
- 招集 소집
- 各 각
- 部長 부장
- 課長 과장
- 送る 보내다
- 題目 제목
- 開催 개최
- 見本市 견본 시장
- 買い付け 매입
- 日時 일시
- 場所 장소
- 決定 결정
- 流す 흘리다, 보내다
- 必ず 반드시
- 出欠 출결
- 返答 답변
- 忘れる 잊다
- 状況 상황
- 동사ます형+次第 ~하는 대로
- 承知する「分かる-알다」의 겸양이

unit. 6 ビジネスEメール(2) 社内幹部会議

A もっともっと

1. バイヤーは、国内各地の生産元をめぐって買い付けを行う。
   → 바이어는, 국내각지의 생산지를 돌고 매입을 행한다.

2. 買い付けに必要な分の現金がない。
   → 매입에 필요한 만큼의 현금이 없다.

3. 本件に関して、君の意見を聞きたいんだが。
   → 본건에 관해서, 자네의 의견을 듣고 싶은데.

4. 事故の原因に関して、現在調査が進められている。
   → 사고의 원인에 관해서 현재조사가 진행되고 있다.

어휘 표현

- □ 国内 국내 □ 各地 각지 □ 生産元 생산지 □ めぐる 순회하다
- □ 買い付け 매입 □ 行う 행하다 □ 必要 필요 □ 分 분, 몫 □ 現金 현금
- □ 本件 본건 □ ～に関して ～에 관해서 □ 君 자네 □ 意見 의견
- □ 事故 사고 □ 原因 원인 □ 現在 현재 □ 調査 조사 □ 進める 진행하다

5. 生きていれば、必ずいいこともある。
   → 살아 있으면 반드시 좋은 일도 있다.

6. 次の注意事項を必ず確認した上で、ご利用ください。
   → 다음의 주의사항을 반드시 확인하고 나서 이용해 주세요.

7. 定員になり次第、受付を終了いたします。
   → 정원이 되는 대로 접수를 종료하겠습니다.

8. 信号が変わり次第、発車いたします。
   → 신호가 바뀌는 대로 발차하겠습니다.

어휘 표현

- 生きる 살다
- 必ず 반드시
- 次 다음
- 注意 주의
- 事項 사항
- 確認 확인
- ～上で ～하고 나서
- 利用 이용
- 定員 정원
- 동사 ます형+次第 ～하는 대로
- 受付 접수
- 終了 종료
- 信号 신호
- 変わる 바뀌다
- 発車 발차

unit.6 ビジネスEメール(2) 社内幹部会議

어휘연습

일본어	읽기	의미
幹部		
招集		
題目		
決定		
出欠		
返答		
状況		

작문연습

1. 이 논문의 제목은 표지에 있습니다.

2. 이 주제에 관해서 토론회가 수요일에 있습니다.

3. 결정은 빠르면 빠를수록 좋다.

4. 너무 늦지 않도록 주의해 주세요.

5. 아는 대로 바로 연락하겠습니다.

 문제풀이

일본어	읽기	의미
幹部	かんぶ	간부
招集	しょうしゅう	소집
題目	だいもく	제목
決定	けってい	결정
出欠	しゅっけつ	출결
返答	へんとう	답변
状況	じょうきょう	상황

1. この論文の題目は表紙にあります。

2. この主題に関して討論会が水曜日にあります。

3. 決定は早ければ早いほどいい。

4. あまり遅すぎないように気を付けてください。

5. わかり次第、すぐにご連絡いたします。

unit. 7 ビジネスEメール(3) 契約関係

일상회화

社長A ： 先日メールでお送りした契約書のドラフトは確認いただけましたか。

社長B ： ああ、拝見させていただきましたよ。

社長A ： 何か話し合ったり、修正したりする部分はありましたか。

社長B ： 全体的にはあの方向性で良いんだけど、商品の納期を少し遅らせてもらえると、ありがたいです。

社長A ： 了解です。納期をどのくらいずらしたら良いですか。

社長B ： １５日納期を、月末納期にしていただけないですか。

社長A ： 了解です。うちも確実な取引がしたいので、そうしましょう。

社長B ： ありがとうございます。では修正した契約書のドラフトをメールで送ってください。修正をチェックします。それから契約書にサインするようにします。

사장 A : 전날 메일로 보낸 계약서의 초안은 확인하셨습니까?

사장 B : 아, 보았습니다.

사장 A : 뭔가 대화를 하거나 수정하거나 하는 부분은 있었습니까?

사장 B : 전체적으로는 그 방향성으로 좋습니다만, 상품의 납기를 조금 늦출 수 있다면 감사하겠습니다.

사장 A : 알겠습니다. 납기를 어느 정도 늦추면 되겠습니까?

사장 B : 15일 납기를, 월말납기로 해줄 수 없겠습니까?

사장 A : 알겠습니다. 저희도 확실한 거래를 하고 싶기 때문에 그렇게 합시다.

사장 B : 감사합니다. 그럼 수정한 계약서의 초안을 메일로 보내 주세요. 수정을 체크하겠습니다. 그리고 계약서에 사인을 하도록 하겠습니다.

어휘 표현

- 契約 계약
- 関係 관계
- 先日 전날
- ドラフト 초안
- 確認 확인
- 拝見する 「見る-보다」의 겸양어
- 話し合う 대화하다
- 修正 수정
- 部分 부분
- 全体的 전체적
- 方向性 방향성
- 商品 상품
- 納期 납기
- 遅らせる 늦추다
- 月末 월말
- 確実 확실
- 取引 거래

ビジネスEメール(3) 契約関係

A もっともっと

1. ２月５日のお手紙は拝見しました。
   → 2월 5일의 편지는 보았습니다.

2. 警官が角を曲がった車を止めて、「免許証を拝見します」と言った。
   → 경찰관이 모퉁이를 돈 자동차를 세워서「면허증을 보겠습니다」라고 말했다.

3. 約束を、２０日から１５日にずらした。
   → 약속을 ２０일에서 １５일로 옮겼다.

4. 日程を一日ずつずらした。
   → 일정을 하루씩 옮겼다.

어휘 표현

- □ 手紙 편지
- □ 拝見する 「見る-보다」의 겸양어
- □ 警官 경관
- □ 角 모퉁이
- □ 曲がる 돌다
- □ 止める 세우다
- □ 免許証 면허증
- □ 約束 약속
- □ ずらす 옮기다
- □ 日程 일정
- □ 一日 하루
- □ 〜ずつ 〜씩

5. 教室の掃除を手伝っていただけませんでしょうか。
　　→ 교실 청소를 도와주실 수 없겠습니까?

6. すみません、駅への行き方を教えていただけませんか。
　　→ 실례합니다, 역으로 가는 방법을 가르쳐 주실 수 없겠습니까?

7. 当選するという確実な保障はない。
　　→ 당선된다고 하는 확실한 보장은 없다.

8. 長い期間機械を放置しておくと確実に状態が悪化します。
　　→ 긴 기간 기계를 방치해 두면 확실히 상태가 악화됩니다.

어휘 표현

- 教室 교실
- 掃除 청소
- 手伝う 돕다
- ～ていただけませんか ～해 주실 수 없겠습니까?
- 駅 역
- 行き方 가는 방법
- 教える 가르치다
- 当選 당선
- 確実 확실
- 保障 보장
- 期間 기간
- 機械 기계
- 放置 방치
- 状態 상태
- 悪化 악화

ビジネスEメール(3) 契約関係

어휘연습

일본어	읽기	의미
修正		
方向性		
商品		
納期		
月末		
警官		
放置		

작문연습

1. 선생님이 말씀하신 책은 보았습니다.

2. 전체적으로는 문제가 없지만, 부분적으로는 고칠 필요가 있습니다.

3. 약속시간을 1시간 옮길 수가 있겠습니까?

4. 확실한 증거를 보여주세요.

5. 수정한 곳에 이상한 점이 발견되었습니다.

 문제풀이

일본어	읽기	의미
修正	しゅうせい	수정
方向性	ほうこうせい	방향성
商品	しょうひん	상품
納期	のうき	납기
月末	げつまつ	월말
警官	けいかん	경찰관
放置	ほうち	방치

1. 先生がおっしゃった本は拝見しました。

2. 全体的には問題がありませんが、部分的には直す必要があります。

3. 約束の時間を１時間ずらすことができますか。

4. 確実な証拠を見せてください。

5. 修正したところにおかしい点が見つかりました。

unit. 8 ビジネスEメール(4)
他社とのトップ会談のアポイント

일상회화

社長A ： 先日メールをお送りしたのですが、ご覧になりましたか。

社長B ： チェックはしましたよ。近々お互いの現場スタッフも交えて先日の共同開催イベントの反省会をする件ですね。

社長A ： そうです。

社長B ： 今、内部の日程を調整中なので、明日までに返事をさせていただきます。大丈夫ですか。

社長A ： はい。反省会は早めにしたほうが良いので、よろしくお願いします。

社長B ： では明日中にメールで送るから、もうしばらく待っていただけると、ありがたいです。

社長A ： 了解です。

사장 A : 전날 메일을 보냈습니다만 보셨습니까?

사장 B : 체크는 했습니다. 조만간 서로의 현장직원도 함께 전날의 공동개최 이벤트의 반성회를 하는 건이죠?

사장 A : 그렇습니다.

사장 B : 지금 내부의 일정을 조정 중이니, 내일까지 답변을 하겠습니다. 괜찮을까요?

사장 A : 예. 반성회는 조금 빨리 하는 편이 좋으니까 잘 부탁합니다.

사장 B : 그럼 내일 중으로 메일을 보낼 테니 좀 더 기다려 주면 고맙겠습니다.

사장 A : 알겠습니다.

어휘 표현

- □ 他社 타사
- □ 会談 회담
- □ アポイント 약속
- □ ご覧になる 「見る-보다」의 존경어
- □ 近々 조만간
- □ お互い 서로
- □ 現場 현장
- □ 交える 섞다
- □ 共同 공동
- □ 開催 개최
- □ 反省会 반성회
- □ 件 건
- □ 内部 내부
- □ 日程 일정
- □ 調整中 조정 중
- □ 返事 답변
- □ 早めに 조금 빨리
- □ 明日中 내일 중
- □ しばらく 잠시

unit. 8
ビジネスEメール(4)
他社とのトップ会談のアポイント

A もっともっと

1. この資料はご覧になりましたか。
   → 이 자료는 보셨습니까?

2. 昨日公開した映画はご覧になりましたか。
   → 어제 개봉한 영화는 보셨습니까?

3. コミュニケーションは直接人に会ってお互い目を見てやるものである。
   → 커뮤니케이션은 직접 사람을 만나서 서로 눈을 보고 하는 것이다.

4. お互い頑張りましょう。
   → 서로 열심히 합시다.

어휘 표현

- □ 資料 자료
- □ ご覧になる 「見る-보다」의 존경어
- □ 昨日 어제
- □ 公開 공개, 개봉
- □ 映画 영화
- □ 直接 직접
- □ お互い 서로
- □ 頑張る 열심히 하다

5. 親戚、友人なども交えて故人を送りたい。
　　→ 친척, 친구 등도 함께 고인을 보내고 싶다.

6. 今後は先輩に自分の見解も交えて質問します。
　　→ 앞으로는 선배에게 나의 의견도 섞어서 질문하겠습니다.

7. 予定を繰り上げて早めに出発することにしました。
　　→ 예정을 앞당겨 조금 빨리 출발하기로 했습니다

8. みなさんくれぐれも早めの行動で、この状況を乗り越えてください。
　　→ 여러분 부디 조금 빠른 행동으로 이 상황을 극복해 주세요.

어휘 표현

- □ 親戚 친척
- □ 友人 친구
- □ 交える 섞다
- □ 故人 고인
- □ 送る 보내다
- □ 今後 앞으로
- □ 先輩 선배
- □ 見解 견해
- □ 質問 질문
- □ 予定 예정
- □ 繰り上げる 앞당기다
- □ 早めに 조금 빨리
- □ 出発 출발
- □ くれぐれも 부디
- □ 行動 행동
- □ 状況 상황
- □ 乗り越える 극복하다

unit. 8　ビジネスEメール (4) 他社とのトップ会談のアポイント

어휘연습

일본어	읽기	의미
他社		
近々		
反省会		
内部		
調整		
返事		
親戚		

작문연습

1. 어제 제출한 리포트는 보셨습니까?

2. 조만간 일본으로 여행할 예정입니다.

3. 스케줄을 조정중이니 좀 더 기다려 주세요.

4. 오늘은 수업을 조금 빨리 끝내겠습니다.

5. 저의 의견을 조금 더 들어주시면 감사하겠습니다.

 문제풀이

일본어	읽기	의미
他社	たしゃ	타사
近々	ちかぢか	조만간
反省会	はんせいかい	반성회
内部	ないぶ	내부
調整	ちょうせい	조정
返事	へんじ	답변
親戚	しんせき	친척

1. 昨日提出したリポートはご覧になりましたか。

2. 近々、日本に旅行する予定です。

3. スケジュールを調整中なのでもうしばらく待ってください。

4. 今日は授業を早めに終わらせます。

5. 私の意見をもう少し聞いてくださるとありがたいです。

製品注文依頼 (1)

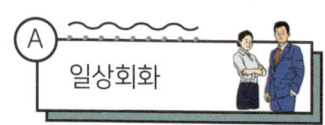
일상회화

社長 ： 申し訳ないんだが、この製品を取り寄せてくれないか。

課長 ： かしこまりました。

社長 ： 工場長からの依頼で、今度導入することになった新しい機械だ。

課長 ： そうだったんですね。

社長 ： 出来れば多少の価格交渉もお願いしたい。製造元の会社と君は面識があると聞いている。

課長 ： はい、そうです。以前にいた会社の取引先でした。

社長 ： では、よろしく。

課長 ： 了解しました。

 해 석

사장 : 미안한데, 이 제품을 주문해 주지 않을래?

과장 : 알겠습니다.

사장 : 공장장으로부터의 의뢰로, 이번에 도입하기로 한 새로운 기계야.

과장 : 그러했군요.

사장 : 가능하면 다소의 가격 교섭도 부탁하고 싶어. 제조처의 회사와 자네는 면식이 있다고 들었어.

과장 : 예, 그렇습니다. 이전에 있었던 회사의 거래처였습니다.

사장 : 그럼, 부탁해.

과장 : 알겠습니다.

어휘 표현

- ☐ 製品 제품
- ☐ 注文 주문
- ☐ 依頼 의뢰
- ☐ 取り寄せる 주문하다
- ☐ 工場長 공장장
- ☐ 今度 이번
- ☐ 導入 도입
- ☐ 機械 기계
- ☐ 多少 다소
- ☐ 価格 가격
- ☐ 交渉 교섭
- ☐ 製造元 제조원
- ☐ 面識 면식
- ☐ 以前 이전
- ☐ 取引先 거래처

unit. 9 製品注文依頼(1)

A もっともっと

1. 料理に合う日本酒を全国各地から取り寄せています。
   → 요리에 맞는 일본술을 전국각지에서 주문하고 있습니다.

2. 中古カメラや中古レンズを取り寄せて買うことができます。
   → 중고카메라와 중고렌즈를 주문해서 살 수가 있습니다.

3. 依頼メールはマナーと相手への配慮が重要です。
   → 의뢰메일은 매너와 상대에 대한 배려가 중요합니다.

4. 依頼の表現には、いくつかの基本型がある。
   → 의뢰의 표현에는 몇 갠가의 기본형이 있다.

어휘 표현

□ 料理 요리 □ 合う 맞다 □ 日本酒 일본술 □ 全国 전국 □ 各地 각지
□ 取り寄せる 주문하다 □ 中古 중고 □ 依頼 의뢰 □ 相手 상대
□ 配慮 배려 □ 重要 중요 □ 表現 표현 □ 基本型 기본형

5. 今度のプロジェクトはうちの課が受け持つことになりました。
   → 이번 프로젝트는 우리 과가 담당하게 되었습니다.

6. ドイツ留学のおかげで私は生まれて初めて海外へ行くことになりました。
   → 독일유학 덕분으로 나는 태어나서 처음으로 해외에 가게 되었습니다.

7. 交渉相手に言い丸められた。
   → 교섭상대에게 속았다.

8. 今回の交渉に失敗しようものなら、非難を免れないだろう。
   → 이번의 교섭에 실패하면 비난을 면하지 못할 것이다.

어휘 표현

- □ 今度 이번
- □ 課 과
- □ 受け持つ 담당하다
- □ ~ことになる ~하게 되다
- □ 留学 유학
- □ おかげで 덕분으로
- □ 生まれる 태어나다
- □ 初めて 처음
- □ 海外 해외
- □ 交渉 교섭
- □ 相手 상대
- □ 言い丸める 구슬리다, 속이다
- □ 今回 이번
- □ 동사의지형+ものなら ~하려고 하면
- □ 失敗 실패
- □ 非難 비난
- □ 免れる 면하다

製品注文依頼(1)

어휘연습

일본어	읽기	의미
面識		
各地		
中古		
配慮		
重要		
表現		
免れる		

작문연습

1. 지금은 집에 틀어박혀 주문해서 즐길 수밖에 없다.

2. 제가 의뢰한 상품과 다른 물건이 왔습니다.

3. 저도 부장님과 함께 출장가게 되었다.

4. 가능하면 가격을 조금 내려 주기를 바랍니다.

5. 다소의 타협도 필요합니다.

문제풀이

일본어	읽기	의미
面識	めんしき	면식
各地	かくち	각지
中古	ちゅうこ	중고
配慮	はいりょ	배려
重要	じゅうよう	중요
表現	ひょうげん	표현
免れる	まぬがれる	면하다

1. 今は家にこもって取り寄せて楽しむしかない。

2. 私が依頼した商品と違うものが来ました。

3. 私も部長と一緒に出張に行くことになった。

4. 出来れば価格を少し下げてほしいです。

5. 多少の妥協も必要です。

製品注文依頼(2)

일상회화

社長　：　先月発売したばかりの新商品だけど、ちょっと韓国のＫＪ商事に連絡して、追加注文してもらえないかな。

課長　：　了解です。

社長　：　予想以上の売れ行きで、在庫がなくなりそうだ。

課長　：　それは良かったです。

社長　：　輸入品になるので、通関の時間も考えて、早めに送ってもらえるように手配してくれ。

課長　：　確かに、商品によっては、通関に時間がかかることが予想されます。

社長　：　そういうことだ。では手配をよろしく。

課長　：　承知しました。

사장 : 지난달 막 발매한 신상품인데, 잠시 한국의 KJ상사에 연락해서 추가주문 해 줄 수 없을까?

과장 : 알겠습니다.

사장 : 예상 이상의 판매 추세로, 재고가 없어질 것 같아.

과장 : 그건 다행이군요.

사장 : 수입품이 되기에, 통관의 시간도 생각해서, 조금 빨리 보내줄 수 있도록 알아봐 줘.

과장 : 확실히 상품에 따라서는 통관에 시간이 걸릴 것이 예상됩니다.

사장 : 바로 그 거야. 그럼 잘 알아봐 줘.

과장 : 알겠습니다.

어휘 표현

- 発売 발매
- 동사과거형+ばかり 막~함
- 新商品 신상품
- 商事 상사
- 連絡 연락
- 追加 추가
- 注文 주문
- 予想 예상
- 以上 이상
- 売れ行き 팔려 나가는 추세
- 在庫 재고
- 輸入品 수입품
- 通関 통관
- 手配 알아봄
- 確かに 확실히

unit. 10 製品注文依頼 (2)

A もっともっと

1. 今日は夏休みに入ったばかりなので会社が閉まっている。
   → 오늘은 여름휴가가 막 시작된 날이어서 회사가 닫혀 있다.

2. 焼いたばかりのパンはやわらかい。
   → 막 구운 빵은 부드럽다.

3. 明日は今日より一層寒くなりそうだ。
   → 내일은 오늘보다 더 한층 추워질 것 같다.

4. 今度のプロジェクトは一人で何とかできそうだ。
   → 이번 프로젝트는 혼자서 그럭저럭 할 수 있을 것 같다.

어휘 표현

- □ 今日 오늘 □ 夏休み 여름휴가 □ 入る 들어가다
- □ 동사과거형+ばかり 막~함 □ 会社 회사 □ 閉まる 닫히다 □ 焼く 굽다
- □ やわらかい 부드럽다 □ 明日 내일 □ 一層 더 한층 □ 今度 이번
- □ 何とか 그럭저럭

5. これは戦争であり、参加した以上は戦わなければならない。
　　→ 이것은 전쟁이고, 참가한 이상에는 싸워야만 한다.

6. 駅まで早くても１０分以上かかります。
　　→ 역까지 빨라도 10분 이상 걸립니다.

7. 人間の幸福は、客観的な現実によって決まるのではありません。
　　→ 인간의 행복은, 객관적인 현실에 의해서 정해지는 것은 아닙니다.

8. 親の話し方によって子供の反応が違ってくる。
　　→ 부모님의 말투에 따라 아이의 반응이 달라진다.

어휘 표현

- 戦争 전쟁
- 参加 참가
- 以上 이상
- 戦う 싸우다
- 駅 역
- 人間 인간
- 幸福 행복
- 客観的 객관적
- 現実 현실
- ～によって ～에 의해, ～에 따라
- 決まる 정해지다
- 親 부모
- 話し方 말투
- 反応 반응
- 違う 다르다

unit. 10 製品注文依頼(2)

어휘연습

일본어	읽기	의미
商事		
追加		
輸入品		
通関		
閉まる		
幸福		
客観的		

작문연습

1. 맛 지은 밥은 맛있다.

2. 담당자에게 연락해서 빨리 상품을 보내도록 말해 주세요.

3. 예상을 훨씬 뛰어넘는 매상이었다.

4. 수입품의 통관은 엄격하다.

5. 사람에 따라 사고방식이 다르다

 문제풀이

일본어	읽기	의미
商事	しょうじ	상사
追加	ついか	추가
輸入品	ゆにゅうひん	수입품
通関	つうかん	통관
閉まる	しまる	닫히다
幸福	こうふく	행복
客観的	きゃっかんてき	객관적

1. 炊いたばかりのご飯はおいしい。

2. 担当者に連絡して早く商品を送るように言ってください。

3. 予想をずっと越える売り上げだった。

4. 輸入品の通関は厳しい。

5. 人によって考え方が違う。

納品期日のお問い合わせ

unit. 11

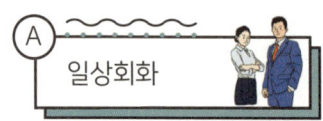
일상회화

社長A ： 新商品の納期が近づいているんだけど、期日には間に合いそうかな。

工場長 ： 今回は少し無理なスケジュールだったので、心配していたのですが、何とか間に合いそうです。

社長A ： そうか、良かった。

工場長 ： ただギリギリの納品になりそうなので、それだけはご承知ください。

社長A ： 仕方がないね。でも無理し過ぎで、不良品が多くなっても困るので、2、3日だったら調整するよ。

工場長 ： ありがとうございます。そうおっしゃっていただけると、気分的に楽です。

社長A ： では納品の連絡を待っているよ。

 해 석

사장 A : 신상품의 납기가 다가오고 있는데, 기일에는 맞출 수 있을까?

공장장 : 이번에는 조금 무리한 스케줄이었기 때문에, 걱정했습니다만, 그럭저럭 맞을 것 같습니다.

사장 A : 그래? 다행이군.

공장장 : 단지 기일에 아슬아슬하게 납품을 할 것 같으니, 그것만 이해해 주세요.

사장 A : 어쩔 수 없군. 하지만, 지나치게 무리해서 불량품이 많아져도 곤란하니 2, 3일이라면 조정할게.

공장장 : 감사합니다. 그렇게 말씀해 주시니 심적으로 편합니다.

사장 A : 그럼 납품의 연락을 기다리고 있을게.

어휘 표현

- 納品 납품
- 期日 기일
- お問い合わせ 문의
- 新商品 신상품
- 納期 납기
- 近づく 다가오다
- 間に合う 시간이나 양에 맞다
- 今回 이번
- 無理 무리
- 心配 걱정
- 承知する 「分かる-알다」의 겸양어
- 仕方がない 어쩔 수가 없다
- 不良品 불량품
- 困る 곤란하다
- 調整 조정
- 気分的 기분적
- 楽だ 편하다
- 連絡 연락

unit. 11 納品期日のお問い合わせ

A もっともっと

1. 危ないから切り立った崖には近づかないでください。
   → 위험하니까 깎아지른 듯이 솟아 있는 절벽에는 다가가지 마세요.

2. 人が近づいても鳥は微動だにしなかった。
   → 사람이 다가가도 책은 새는 미동조차 하지 않았다.

3. 伝令はそれだけを言い残し、果ててしまった。
   → 전령은 그것 만을 말하고, 죽어버렸다.

4. それだけ腕があがっているところをみると、ずいぶん練習したな。
   → 그 만큼 솜씨가 는 것을 보면, 꽤 연습했군.

어휘 표현

- 危ない 위험하다
- 切り立つ 깎아지른 듯이 솟아 있다
- 崖 절벽
- 近づく 다가가다
- 鳥 새
- 微動 미동
- ～だに ～조차
- 伝令 전령
- それだけ 그것만, 그 만큼
- 言い残す 말을 남기다
- 果てる 끝나다, 죽다
- 腕が上がる 솜씨가 늘다
- ずいぶん 꽤
- 練習 연습

5. そのことを後悔しても仕方がない。
   → 그 일을 후회해도 어쩔 수가 없다.

6. いくら考えても仕方がない。
   → 아무리 생각해도 어쩔 수가 없다.

7. 楽そうに見える彼にも人知れぬ悩みがあった。
   → 편한듯이 보이는 그에게도 남모르는 고민이 있었다.

8. 社会保障保険で楽な老後の生活ができる。
   → 사회보장보험으로 편한 노후생활을 할 수 있다.

어휘 표현

☐ 後悔 후회　☐ 仕方がない 어쩔 수가 없다　☐ いくら〜ても 아무리〜해도
☐ 考える 생각하다　☐ 楽だ 편하다　☐ 人知れぬ 남 모르다　☐ 悩み 고민
☐ 社会 사회　☐ 保障 보장　☐ 保険 보험　☐ 老後 노후　☐ 生活 생활

unit. 11 納品期日のお問い合わせ

어휘연습

일본어	읽기	의미
期日		
崖		
微動		
伝令		
後悔		
悩み		
老後		

작문연습

1. 송전선에 다가가면 위험합니다.

2. 이번의 국제회의에서는 환경문제를 채택했다.

3. 이 이상 무리를 하면 선수생명에 크게 영향을 줄지도 모른다.

4. 학생이 곤란할 때, 돕는 것이 선생님이라는 것이다.

5. 직원을 한 명 보낼 테니 필요한 것이 있으면, 뭐든지 말씀해 주세요.

 문제풀이

일본어	읽기	의미
期日	きじつ	기일
崖	がけ	절벽, 벼랑
微動	びどう	미동
伝令	でんれい	전령
後悔	こうかい	후회
悩み	なやみ	고민
老後	ろうご	노후

1. 送電線に近づくと危険です。

2. 今回の国際会議では環境問題を取り上げた。

3. これ以上無理をすれば、選手生命に大きく影響しかねない。

4. 生徒が困っている時、助けるのが先生というものだ。

5. ステップを一人行かせますので、必要なことがあれば何なりとおっしゃってください。

unit.12 不良品交換のお問い合わせ

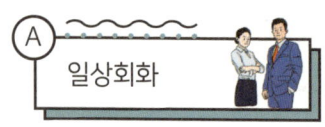
일상회화

社長 ： 先日、御社から仕入れた商品ですが、不良品が何個かありました。

商事 ： 大変申し訳ございませんでした。早速、交換するように手配しておきます。

社長 ： それは良かった。だけどあまり不良品が多いのも問題だから、今後は気を付けてほしいです。

商事 ： 承知しました。完成品のチェックが甘かったようですね。次回からは気を付けるようにします。

社長 ： それでは、至急、御社に不良品を送ります。

商事 ： 承知しました。

 해 석

사장 : 전날에 귀사로부터 매입한 상품입니다만, 불량품이 몇 갠가 있었습니다.

상사 : 대단히 죄송했습니다. 즉시, 교환하도록 준비해 두겠습니다.

사장 : 그건 다행이군, 하지만 너무 불량품이 많은 것도 문제이니 앞으로는 주의해 주기를 바랍니다.

상사 : 알겠습니다. 완성품의 체크가 안일했던 것 같습니다. 다음번부터는 주의하도록 하겠습니다.

사장 : 그럼, 즉시 귀사에 불량품을 보내겠습니다.

상사 : 알겠습니다.

어휘 표현

- □ 不良品 불량품
- □ 交換 교환
- □ お問い合わせ 문의
- □ 先日 전날
- □ 御社 귀사
- □ 仕入れる 매입하다
- □ 何個 몇 개
- □ 早速 즉시
- □ 手配 준비
- □ 今後 앞으로
- □ 気を付ける 주의하다
- □ 完成品 완성품
- □ 甘い 안이하다
- □ 次回 다음 번
- □ 至急 즉시

unit. 12 不良品交換のお問い合わせ

A もっともっと

1. その日その時の食材を厳選して仕入れております。
   → 그 날 그 때의 식재료를 엄선해서 구입하고 있습니다.

2. その日仕入れた新鮮なお魚をそのまま調理します。
   → 그 날 구입한 신선한 생선을 그대로 조리합니다.

3. 早速本論に入りたいと思います。
   → 거두절미하고 본론으로 들어가겠습니다.

4. 早速のご返事、ありがとうございます。
   → 즉각적인 답변, 감사합니다.

어휘 표현

- ☐ 日 날
- ☐ 食材 식재료
- ☐ 厳選 엄선
- ☐ 仕入れる 매입하다
- ☐ 新鮮 신선
- ☐ 魚 생선
- ☐ 調理 조리
- ☐ 早速 바로, 즉시, 거두절미하고
- ☐ 本論 본론
- ☐ 返事 답변

5. 雪がはげしく降っていて、はっきり言うと、無事に家に帰れることをあまり期待してはいなかった。
   → 눈이 세차게 내리고 있어서. 확실히 말하자면, 무사히 집에 돌아갈 수 있는 것을 별로 기대하지는 않았다.

6. 値段が高いわりにはサービスはあまりよくない。
   → 가격이 비싼데 비해서는 서비스는 별로 좋지 않다.

7. 担当者が戻り次第、至急お電話させます。
   → 담당자가 돌아오는 대로, 즉시 전화시키겠습니다.

8. 仕事でトラブルが発生したので至急連絡をください。
   → 일에서 문제가 생겼기 때문에 즉시 연락을 주세요.

어휘 표현

- 雪(ゆき) 눈
- はげしい 세차다, 격렬하다
- 降(ふ)る 내리다
- はっきり 확실히
- 無事(ぶじ) 무사
- 帰(かえ)る 돌아오다
- あまり 그다지, 별로
- 期待(きたい) 기대
- 値段(ねだん) 가격
- 高(たか)い 비싸다
- ～わりには ～비해서는
- 担当者(たんとうしゃ) 담당자
- 戻(もど)る 되돌아오다
- 동사ます형+次第(しだい) ～하는 대로
- 至急(しきゅう) 즉시
- 仕事(しごと) 일
- 発生(はっせい) 발생
- 連絡(れんらく) 연락

unit. 12 不良品交換のお問い合わせ

어휘연습

일본어	읽기	의미
交換		
完成品		
食材		
厳選		
新鮮		
調理		
本論		

작문연습

1. 지난주 일본에서 매입한 상품 중에, 불량품이 있었습니다.

2. 즉각적인 대응, 감사했습니다.

3. 앞으로는 이런 일이 없도록 주의하겠습니다.

4. 다음 번부터는 모두가 참가할 수 있도록 하겠습니다.

5. 즉시, 신청하신 샘플을 보내겠습니다.

문제풀이

일본어	읽기	의미
交換	こうかん	교환
完成品	かんせいひん	완성품
食材	しょくざい	식재료
厳選	げんせん	엄선
新鮮	しんせん	신선
調理	ちょうり	조리
本論	ほんろん	본론

1. 先週、日本で仕入れた商品の中で、不良品がありました。

2. 早速のご対応、ありがとうございました。

3. 今後はこんなことがないように気を付けます。

4. 次回からはみんなが参加できるようにします。

5. 至急、申し込まれたサンプルをお送りします。

unit. 13 納期延滞に対する抗議

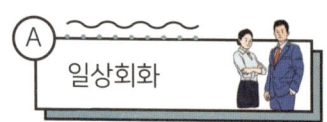

일상회화

社長A ： 納期を過ぎても商品が入荷しないんだけど、どうなっているのですか。

社長B ： 大変申し訳ございません。工場にトラブルがあって、本日の発送になります。

社長A ： 本当に今日発送できますか。

社長B ： それは大丈夫です。

社長A ： しかし、遅れるなら、前もって連絡いただかないと、困りますね。

社長B ： 本当に申し訳ございません。次回から細心の注意を払うようにいたします。

社長A ： 納期延滞が続くようであれば、今後の取引停止も考えられるので、よろしくお願いします。

 해　석

사장 A ： 납기를 지나도 상품이 입하되지 않은데 어떻게 된 것입니까?

사장 B ： 대단히 죄송합니다. 공장에 문제가 있어서, 오늘 발송하게 됩니다.

사장 A ： 정말로 오늘 발송할 수 있습니까?

사장 B ： 그건 문제없습니다.

사장 A ： 그러나 늦는다면 미리 연락을 주시지 않으면 곤란합니다.

사장 B ： 정말로 죄송합니다. 다음번부터 세심하게 주의를 하도록 하겠습니다.

사장 A ： 납기지연이 계속될 것 같으면 앞으로의 거래정지도 생각할 수 있으니 잘 부탁합니다.

어휘 표현

□ 納期 납기　□ 延滞 연체　□ 抗議 항의　□ 過ぎる 지나다　□ 入荷 입하
□ 工場 공장　□ 本日 오늘　□ 発送 발송　□ 遅れる 늦다　□ 前もって 미리
□ 次回 다음 번　□ 細心 세심　□ 注意を払う 주의를 하다　□ 続く 계속되다
□ 今後 앞으로　□ 取引 거래처　□ 停止 정지

unit. 13 納期延滞に対する抗議

A もっともっと

1. 土地の境界をめぐるトラブルが生じた。
   → 토지의 경계를 둘러싸고 트러블이 생겼다.

2. パソコンのトラブルの対処方法が分からない。
   → PC의 트러블의 대처방법을 모르겠다.

3. 彼は試験に合格できなかった。しかし、にこにこして一つも悲しくなさそうだ。
   → 그는 시험에 합격할 수 없었다. 그러나, 싱글벙글해서 하나도 슬프지 않은 것 같다.

4. 私は朝はご飯派です。しかし、妻はパン派です。
   → 나는 아침은 밥을 먹는 쪽입니다. 그러나, 아내는 빵을 먹는 쪽입니다.

어휘 표현

□ 土地(とち) 토지 □ 境界(きょうかい) 경계 □ めぐる 둘러싸다 □ トラブル 트러블, 문제
□ 生(しょう)じる 생기다 □ 対処(たいしょ) 대처 □ 方法(ほうほう) 방법 □ 試験(しけん) 시험 □ 合格(ごうかく) 합격
□ しかし 그러나 □ にこにこ 싱글벙글 □ 悲(かな)しい 슬프다 □ 朝(あさ) 아침
□ ご飯(はん) 밥 □ 派(は) 파 □ 妻(つま) 아내 될 ご

5. 訪ねるときは前もって連絡します。
   → 방문할 때는 미리 연락하겠습니다.

6. 前もって準備しておくと失敗しなくて済む。
   → 미리 준비해 두면 실패하지 않고 해결된다.

7. 言動に細心の注意を払った。
   → 언동에 세심한 주의를 기울였다.

8. 新しい職場で注意を払うべきことは何ですか。
   → 새로운 직장에서 주의를 기울여야만 하는 것은 무엇입니까?

어휘 표현

- ☐ 訪ねる 방문하다
- ☐ 前もって 미리
- ☐ 連絡 연락
- ☐ 準備 준비
- ☐ 失敗 실패
- ☐ 済む 해결되다
- ☐ 言動 언동
- ☐ 細心 세심
- ☐ 注意を払う 주의를 기울이다
- ☐ 新しい 새롭다
- ☐ 職場 직장

unit. 13 納期延滞に対する抗議

어휘연습

일본어	읽기	의미
延滞		
抗議		
入荷		
細心		
対処		
妻		
言動		

작문연습

1. 약속시간이 지나도 그녀는 나타나지 않았다.

2. 두 사람 사이에 트러블이 생겨서 헤어지게 되었다.

3. 정말로 내일까지 자료를 보낼 수 있습니까?

4. 기일에 늦는다면 미리 연락해 주세요.

5. 아무리 주의를 기울여도 실수를 저지릅니다.

문제풀이

일본어	읽기	의미
延滞	えんたい	연체
抗議	こうぎ	항의
入荷	にゅうか	입하
細心	さいしん	세심
対処	たいしょ	대처
妻	つま	아내
言動	げんどう	언동

1. 約束の時間が過ぎても彼女は現れなかった。

2. 二人の間でトラブルが生じて別れるようになった。

3. 本当に明日まで資料を送られますか。

4. 期日に遅れるなら、前もって連絡してください。

5. いくら注意を払ってもミスを起こします。

unit. 14 代金支払い延滞に対する抗議

일상회화

社長A : 今月の御社からの入金がまだ確認できないんだけど、何かあったのですか。

社長B : 本当ですか。それは申し訳ありませんでした。

社長A : 御社からの支払いがないと、うちも他社への支払いが出来ないので、よろしくお願いします。

社長B : 私も気づかなかったので、至急、経理に確認をとっておきます。

社長A : 頼みます。

社長B : なるべく入金を急がせるようにします。

社長A : 入金が出来た時点で連絡をください。

社長B : 了解です。

 해 석

사장 A : 이번 달 귀사로부터의 입금이 아직 확인할 수 없는데 무슨 일이 있었습니까?

사장 B : 정말입니까? 그건 죄송했습니다.

사장 A : 귀사로부터의 지불이 없으면 저희도 타사에 대한 지불을 할 수 없기 때문에 잘 부탁합니다.

사장 B : 저도 알아차리지 못했기에 즉시 경리에게 확인을 취해 두겠습니다.

사장 A : 부탁합니다.

사장 B : 가능한 한 입금을 서둘도록 하겠습니다.

사장 A : 입금이 된 시점에 연락을 주세요.

사장 B : 알겠습니다.

어휘 표현

- □ 代金 대금
- □ 支払い 지불
- □ 延滞 연체
- □ 抗議 항의
- □ 今月 이번 달
- □ 御社 귀사
- □ 入金 입금
- □ 確認 확인
- □ 他社 타사
- □ 気づく 알아차리다
- □ 至急 즉시
- □ 経理 경리
- □ 頼む 부탁하다
- □ なるべく 가능한 한
- □ 急ぐ 서두르다
- □ 時点 시점

unit. 14 代金支払い延滞に対する抗議

A もっともっと

1. 重さを確認するために持ち上げたが無理だった。
   → 무게를 확인하기 위해 들어올렸지만 무리였다.

2. いくら呼んでも振り向かないので、確認してみたら別の人だった。
   → 아무리 불러도 뒤돌아보지 않아서 확인해 봤더니 다른 사람이었다.

3. 君が好きだと気づいた日から全然眠らなかった。
   → 그를 좋아한다고 알아차렸던 날부터 전혀 잘 수 없었다.

4. インターンを通して気づいたことを書きたい。
   → 인턴을 통해서 알아차린 것을 쓰고 싶다.

어휘 표현

- □ 重さ 무게　□ 確認 확인　□ 持ち上げる 들어올리다　□ 無理 무리
- □ いくら 아무리　□ 振り向く 뒤돌아보다　□ 別 다른　□ 気づく 알아차리다
- □ 日 날　□ 全然 전혀　□ 眠る 자다　□ ～を通して ～을 통해서

5. 断っているのにしつこく頼んだ。
   → 거절했는데 끈덕지게 부탁했다.

6. レポートをかわりにやってくれと頼まれたがきっぱり断った。
   → 리포트를 대신해 달라고 부탁받았지만 딱 거절했다.

7. 転職活動のスピードは急いだ方がいい。
   → 전직활동의 스피드는 서두르는 편이 좋다.

8. 時間があるから急ぐことはない。
   → 시간이 있기 때문에 서두를 필요는 없다.

어휘 표현

- 断る 거절하다
- しつこい 끈질기다
- 頼む 부탁하다
- かわりに 대신
- きっぱり 단호히
- 転職 전직
- 活動 활동
- 急ぐ 서두르다
- ～ことはない ～필요는 없다

代金支払い延滞に対する抗議

어휘연습

일본어	읽기	의미
経理		
時点		
振り向く		
断る		
転職		
活動		
急ぐ		

작문연습

1. 잔액의 확인을 위해서 은행에 갔다.

2. 창밖에서 눈이 내리는 것을 알아차리지 못했다.

3. 선생님의 부탁이니 할 수밖에 없었다.

4. 늦게 일어나서 서둘러 회사에 갔다.

5. 현 시점에서는 이렇다 할 결론을 낼 수 없었다.

 문제풀이

일본어	읽기	의미
経理	けいり	경리
時点	じてん	시점
振り向く	ふりむく	뒤돌아보다
断る	ことわる	거절하다
転職	てんしょく	전직
活動	かつどう	활동
急ぐ	いそぐ	서두르다

1. 残高の確認のために銀行に行った。

2. 窓の外で雪が降っていることに気づかなかった。

3. 先生の頼みだからやるしかなかった。

4. 遅く起きたので急いで会社へ行った。

5. 現時点ではこれといった結論が出せなかった。

製品品質のお知らせ

unit. 15

A 일상회화

社長A ： この度、弊社が開発した製品ですが、自信をもって紹介します。

社長B ： それはどんな製品なのですか。

社長A ： 前回開発した商品に見られた改善点を徹底分析して、解決したのが、今回の製品です。

社長B ： 前回の製品のヴァージョンアップと考えたらよいですか。

社長A ： はい。あとデザインも少し変更しました。

社長B ： ということは、製品品質が向上し、見栄えも良くなったということですね。

社長A ： その通りです。たくさんの注文をお願いします。

社長B ： それは楽しみですね。ぜひ検討してみますよ。

 해 석

사장 A : 이번에 저희 회사가 개발한 제품입니다만, 자신감을 가지고 소개하겠습니다.

사장 B : 그건 어떤 제품입니까?

사장 A : 지난 번에 개발한 상품에 보여진 개선점을 철저히 분석해서 해결한 것이 이번 제품입니다.

사장 B : 지난 번 제품의 버전 업이라고 생각하면 되겠습니까?

사장 A : 예, 그리고 디자인도 조금 변경했습니다.

사장 B : 라는 것은, 제품품질이 향상되고 외견도 좋아졌다는 것이군요.

사장 A : 맞습니다. 많은 주문을 부탁합니다.

사장 B : 그건 기대가 되는군요. 꼭 검토해 보겠습니다.

어휘 표현

□ 製品 제품　□ 品質 품질　□ お知らせ 알림　□ この度 이번
□ 弊社 저희 회사　□ 開発 개발　□ 自信 자신(감)　□ 紹介 소개
□ 前回 지난 번　□ 改善点 개선점　□ 徹底 철저　□ 分析 분석　□ 解決 해결
□ 今回 이번　□ ヴァージョンアップ 버전 업　□ 変更 변경　□ 向上 향상
□ 見栄え 외견　□ その通り 그대로　□ 楽しみ 기대, 즐거움　□ 検討 검토

unit. 15 製品品質のお知らせ

A もっともっと

1. 独創性というのは徹底して考え抜いた末に生まれる。
   → 독창성이라는 것은 철저하게 충분히 생각한 끝에 태어난다.

2. ルールの運用を徹底することは大事なことだ。
   → 룰의 운영을 철저하게 하는 것은 중요한 일이다.

3. 顧客のニーズや使用内容などを詳しく分析した上で、企画提案をして下さい。
   → 고객의 요구랑 사용내용 등을 상세하게 분석하고 나서, 기획제안을 해 주세요.

4. データの集計と分析は毎日行う。
   → 데이터의 집계와 분석은 매일 행한다.

어휘 표현

- □ 独創性 독창성 □ 徹底 철저 □ 考え抜く 충분히 생각하다
- □ 동사과거형+末 ~한 끝에 □ 生まれる 생기다 □ 運用 운용
- □ 大事だ 중요하다 □ 顧客 고객 □ ニーズ 요구 □ 使用 사용 □ 内容 내용
- □ 詳しい 상세하다 □ 分析 분석 □ ~上で ~하고 나서 □ 企画 기획
- □ 提案 제안 □ 集計 집계 □ 毎日 매일 □ 行う 행하다

5. 資料を見栄えよく作った。
　　→ 자료를 외관이 좋게 만들었다.

6. 見栄えのいい料理写真を制作した。
　　→ 보기 좋은 요리사진을 제작했다.

7. ニュースでは４月から水道料金が上がるということだ。
　　→ 뉴스의 보도에 의하면 4월부터 수도 요금이 인상된다고 한다.

8. 景気は秋あたりには回復に向かうだろうということだ。
　　→ 경기는 가을 경에는 회복으로 향할 것이라고 한다.

어휘 표현

- □ 資料 자료
- □ 見栄え 외관
- □ 作る 만들다
- □ 料理 요리
- □ 写真 사진
- □ 制作 제작
- □ 水道 수도
- □ 料金 요금
- □ 上がる 오르다
- □ ～ということだ ~라고 한다
- □ 景気 경기
- □ 秋あたり 가을 경
- □ 回復 회복
- □ 向かう 향하다

고급_第１５課 製品品質のお知らせ

unit. 15 製品品質のお知らせ

어휘연습

일본어	읽기	의미
徹底		
分析		
向上		
独創性		
集計		
水道		
回復		

작문연습

1. 모든 것에 자신감을 가지고 행해라.

2. 과거의 시험문제를 철저히 분석하면서 공부했다.

3. 무게와 길이를 조금 변경했습니다.

4. 선생님 말씀에 의하면 옛날 이 곳은 바다였다는 것이다.

5. 앞으로도 많은 이용을 부탁합니다.

 문제풀이

일본어	읽기	의미
徹底	てってい	철저
分析	ぶんせき	분석
向上	こうじょう	향상
独創性	どくそうせい	독창성
集計	しゅうけい	집계
水道	すいどう	수도
回復	かいふく	회복

1. 全(すべ)てのことに自信(じしん)をもって行(おこな)いなさい。

2. 過去(かこ)の試験問題(しけんもんだい)を徹底分析(てっていぶんせき)しながら勉強(べんきょう)した。

3. 重(おも)さと長(なが)さを少(すこ)し変更(へんこう)しました。

4. 先生(せんせい)の話(はなし)によると昔(むかし)ここは海(うみ)だったということだ。

5. これからもたくさんのご利用(りよう)をお願(ねが)いいたします。

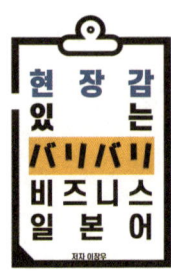

초판인쇄_2021년 01월 17일
초판발행_2021년 01월 17일
저자_이장우
펴낸이_이장우
펴낸곳_도서출판 예빈우
표지디자인_손홍림
등 록 일 자_2014년 1월 17일
등록번호_제 398－2014－000001호
주소_경기도 구리시동구릉로129번길24, 103동 801호 (인창동 성원아파트)
전화_070-8621-0070
홈페이지_www.yebinwoo.com (도서출판예빈우)
           www.leejangwoo.com (이장우닷컴)
이메일_jpt900@hanmail.net
ISBN 979-11-86337-49-3(13730)

Copyright ⓒ 2021 이장우

* 이 교재의 내용을 사전 허가없이 전재하거나 복제할 경우 법적인 제재를 받게 됨을 알려 드립니다.
* 잘못된 책은 구입하신 서점이나 본사에서 교환해 드립니다.
* 정가는 표지에 표시되어 있습니다.